EBERHARD MÜHLAN

BAUSTEINE ZUM GEISTLICHEN WACHSTUM

FGB MFI

4

Schriftenreihe der

GESCHÄFTSLEUTE DES VOLLEN EVANGELIUMS
INTERNATIONALE VEREINIGUNG

STIWA Druck und Verlag GmbH
Schurwaldstraße 10, Postfach 1220
D-7068 Urbach

Bestellungen sind an folgende Adresse zu richten:

STIWA Druck und Verlag GmbH
Schurwaldstraße 10, Postfach 1220
D-7068 Urbach

3., überarbeitete Auflage, 1984

Umschlaggestaltung: Dieter Illgen

ISBN 3-923310-40-4

INHALTSVERZEICHNIS

VORWORT

Christsein ist ein Wachstumsprozeß von Anfang bis Ende. Das reiche Erbe in Christus, das wir legal in der Wiedergeburt empfangen haben, müssen wir in unserem Leben zu verwirklichen lernen.

Viele Christen versäumen dies. Sie begnügen sich mit ihrem Platz im „Reich des Sohnes seiner Liebe" (Kol. 1, 14), ohne die Verheißungen und ihre „Teilhaberschaft an der göttlichen Natur" (2. Petr. 1, 4) in Anspruch zu nehmen.

Zum Wachstum gehört die Bereitschaft zur Korrektur und Auferbauung durch die Bibel und die Stimme des Heiligen Geistes.

Die knappen Bibelstudien sind Bausteine des christlichen Lebens. Wenn sie beherzigt und verwirklicht werden, tragen sie dazu bei, ein sicheres Fundament zu gründen, auf dem sich ein fröhliches, erfülltes und abenteuerreiches Leben mit den Verheißungen Gottes aufbauen kann.

Die Studien sind zentral an ihr Thema gehalten. Man sollte sie nicht durcharbeiten, ohne die eigene Bibel zur Hand zu haben. Das wichtigste sind die aufgeführten Bibelstellen. Sie sollten zuerst studiert und dann der erläuternde Text gelesen werden. Dabei sollte man sich Zeit nehmen und über die Bibelstellen nachsinnen. Der Druck bietet genug Platz zum Notieren der Gedanken, die beim Studieren der Schrift kommen.

Es ist gut, zuerst das erste Studium „Die Bibel – Gottes Wort" durchzuarbeiten, weil hier gesagt wird, wie die Bibel sich selbst versteht und wie sie ausgelegt werden will. Die hier aufgezeigten Prinzipien sind das Fundament für die Erarbeitung der weiteren Studien.

Die folgenden Themen umfassen das Spektrum des Christseins: das persönliche, soziale Engagement (Agape), die persönliche Heiligung, geistliches Wachstum und Gesunderhaltung. Einen breiten Raum nehmen Themen zur unsichtbaren Welt ein (Engel, Satan, Dämonen). Dies ist ein vielfach vernachlässigtes Gebiet, obwohl die Bibel viel dazu zu sagen hat. Für den engagierten Christen, der sich der ihn umgebenden Gefahren bewußt ist, gehört es zum Grundwissen, über die unsichtbare Gegenwart der dienstbaren Geister und die richtigen Waffen gegen die Anschläge Satans und seiner Dämonen Bescheid zu wissen. Dies wird ihm ein neues lebendiges Vertrauen in die Macht und Hilfe Gottes geben.

Visionen und Träume, als ein Mittel Gottes uns aufzuerbauen und zu leiten, schließen die Reihe der Studien ab. In den „letzten Tagen" (Apg. 2, 16 ff), in denen wir leben, spricht Gott verstärkt durch Weissagungen, Visionen und Träume. Wir müssen genau wissen, was die Schrift dazu zu sagen hat, um mit diesen Dingen richtig umgehen zu können.

Die Bibelstudien wenden sich nicht an Christen einer speziellen Konfession, sondern an Christen aller Denominationen, die die Bibel als persönlichen Maßstab neu erkannt haben und bereit sind, ihre Tradition und ihr christliches Selbstverständnis an der Heiligen Schrift neu zu durchdenken und zu überprüfen.

Eberhard Mühlan

VORWORT

zur überarbeiteten Auflage, Oktober 1984

Dies ist kein bequemes Buch. Man kann sich nicht einfach hinsetzen und es durchschmökern. Ohne die Bibel in der Hand, kann man es nicht lesen. Das ist gut so! Während manches Buch von der Bibel ablenkt, führt dieses zurück zum intensiven Studium der Bibel. Das fehlt vielen Christen. Darum sind die einzelnen Kapitel echte „Bausteine", die zum geistlichen Wachstum führen.

In den letzten Jahren haben mich viele Leserstimmen erreicht, die bestätigen, daß sie durch das Arbeiten mit diesem Buch neue Freude und Zugang zum persönlichen Studium in der Bibel gewonnen haben. Dies hat wiederum ihr geistliches Wachstum zur Folge gehabt.

Es hat mir viel Gewinn gebracht, alle Bibelstellen zu überarbeiten und zu ergänzen. Schließlich habe ich in den letzten Jahren auch dazugelernt. Dabei habe ich wieder die Erfahrung gemacht, daß jede Minute über dem Wort Gottes mich erquickt und verändert:

> „Das Gesetz des Herrn ist vollkommen und *erquickt die Seele;* das Zeugnis des Herrn ist zuverlässig und *macht die Einfältigen weise.* Die Befehle des Herrn sind richtig und *erfreuen das Herz,* das Gebot des Herrn ist lauter und *erleuchtet die Augen"*.
>
> Psalm 19, 8 - 9

Eberhard Mühlan

DIE BIBEL – GOTTES WORT

drei wichtige Aussagen der Bibel – dynamische und vollständige Inspiration – die einzelnen Teile der Bibel sind uns auf verschiedenste Weise gegeben worden – Hilfen zur Interpretation der Bibel – wie sieht die Bibel sich selbst.

Die Bibel ist Gottes inspirierte Offenbarung des Ursprungs und der Bestimmung aller Dinge. In ihr offenbart er seinen Plan für die ewige Errettung und Verdammnis.

I. Ihre Aussagen beinhalten drei wichtige Themen

- die *Rettung des Menschen* vom Bösen, seine Hineinführung in die Gemeinschaft mit Gott und das Bestehen und Wachsen in dieser Gemeinschaft.
- die *großen Taten Gottes,* bezeugt in der Heilsgeschichte. In ihr finden wir Gottes Plan: die Erlösung für die Menschen, die sie annehmen wollen.
- die *Stellung des Christus.* Er ist die Mitte der Schrift, ihr Angelpunkt und ihr Zentrum.

II. Die Inspiration der Bibel

Die Bibel ist kein Buch wie jedes andere auch. Sie enthält auch nicht Gottes Offenbarungen, sondern sie *ist* Gottes Offenbarung an den Menschen. Etwa 2000 mal lesen wir Ausdrücke wie „Der Herr sprach ..." oder „Das Wort des Herrn geschah zu ...".
Die Bibel nimmt göttliche Urheberschaft für sich in Anspruch!

2. Petr. 1, 19-21 Durch den Heiligen Geist angeleitet, gaben von Gott berufene Menschen Gottes Weisheiten weiter.

2. Tim. 3, 16 „Die ganze Schrift ist von Gottes Geist eingegeben (inspiriert) ..." Im Griechischen bedeutet dieser Begriff „eingehaucht";

dies war der bewahrende Einfluß des Heiligen Geistes im Leben der Schreiber, welcher sie befähigte, Irrtümer und Fehler zu vermeiden und alles im gottgemeinten Sinn wiederzugeben.

Wir können in der Bibel zwischen *direkter* und *indirekter Inspiration* unterscheiden.

Unter *direkter Inspiration* versteht man Aussagen, die direkt von Gott kommen, die der Mensch aufgrund seiner Fähigkeiten nicht wissen kann. Man kann dazu auch Offenbarung sagen (etwas aufdecken, offenlegen, enthüllen),

Offb. 1, 1-11	wie wir es bei Johannes in dem Buch der Offenbarung
Hes. 1, 1-3	oder bei den Erscheinungen des Hesekiels und z. B. im Schöpfungsbericht finden.

Bei Berichten der Schreiber über Selbsterlebtes oder anderen historischen Ereignissen spricht man von *indirekter Inspiration.* Denn hier mußte das Geschehen nicht offenbart werden, weil der Augenzeuge dabei war. Der Text ist aber genauso inspiriert, von Gott angehaucht, d. h. der Heilige Geist hatte den Schreiber angeleitet, Fehler zu vermeiden und das niederzuschreiben, was Gott wollte.

Luk. 1, 1-4	So schrieb Lukas das auf, was ihm Augenzeugen überliefert hatten und vertraute dabei auf göttliche Inspiration.
Joh. 19, 23-30	Johannes brauchte für den Kreuzigungsbericht keine Offenbarung Gottes. Er war ja dabei gewesen (V. 26). Er benötigte die Inspiration des Heiligen Geistes, damit er wußte, wie und was er darüber schreiben sollte.

Die Bibel ist uns durch *dynamische* und *vollständige Inspiration* überliefert worden.

dynamisch:	Gott braucht den Menschen als Mitarbeiter (1. Kor. 3, 9), aber nicht als Roboter. Alle Schreiber behielten ihre eigene Persönlichkeit, ihre eigene Sprache, Betrachtungsweise und persönlichen Stil bei. Daher erklärt sich auch die Vielfalt der biblischen Bücher: Lukas hat einen anderen Stil als Markus, und Johannes hat wiederum eine ganz eigene Ausdrucksweise.
vollständig:	Alle Teile der Bibel sind von Gott inspiriert. Jedes Wort des Urtextes ist uns in vollkommener Form ohne Irrtum übermittelt worden. Wir können uns auf sie stützen und unser Leben danach ausrichten (s. 2. Tim. 3, 16).

III. Die einzelnen Teile der Bibel sind uns auf verschiedenste Weise gegeben worden

Hebr. 1, 1	Gott hat auf vielerlei Weise geredet:
Luk. 1, 1-4 Apg. 1, 1-2	Durch den Bericht der Schreiber, die unter der bewahrenden Führung des Heiligen Geistes standen.
Gal. 1, 11-12 Eph. 3, 3 Röm. 16, 25-26	Durch göttliche Offenbarungen an einzelne Schreiber.
2. Mose 19, 19 20, 1	Durch das persönliche Reden Gottes. (ca. 2 000 mal in der Bibel)
Joh. 14, 26	Durch die Lehre Jesu Christi, die der Heilige Geist den Schreibern des Neuen Testamentes neu in Erinnerung rief.
Offb. 1, 1-2	Durch Botschaften von Gott beauftragter Engel.
Jes. 6	Durch Visionen
Dan. 2	und durch Träume, die niedergeschrieben wurden.

IV. Hilfen zur Interpretation der Bibel

Merksatz: „Wenn der wörtliche Sinn der Schrift einen Sinn ergibt, so suche nicht nach einem anderen. Nimm deshalb jedes Wort bei seiner ursprünglichen, gewöhnlichen und wörtlichen Bedeutung, – es sei denn, der unmittelbare Zusammenhang deutet aufgrund ähnlicher Stellen und unumstößlicher fundamentaler Wahrheiten darauf hin, daß eine andere Bedeutung angenommen werden muß." (Dake)

Gott sagt, was er meint; und er meint auch, was er sagt!

1. Das „Harmoniegesetz"

Es gibt 66 Bücher der Bibel mit einem göttlichen Thema und nicht 66 verschiedene Theologien!

Da es nur eine Wahrheit gibt, die in der Bibel verankert ist, müssen alle Lehren miteinander harmonisieren.

- Die Bibel ist in ihren Aussagen einfach und eindeutig.
- Sie widerspricht sich nicht. Alle Schriftstellen zu einem Thema harmonisieren miteinander.
- Auslegungen, die Unstimmigkeiten innerhalb der Bibel aufzeigen, müssen auf falschen Prinzipien beruhen.
- Die einzige Schwierigkeit ist, daß die Bibel ein so umfangreiches Buch ist. Es kostet Zeit, den Inhalt so zu beherrschen, daß man ein umfassendes Verständnis bekommt.

2. Die Heilige Schrift erklärt sich selbst

Die Bibel bietet in sich selbst den Zusammenhang und die Anleitung, um bestimmte Stellen zu verstehen.

Die Interpretation einer bestimmten biblischen Aussage darf nicht isoliert vollzogen werden und darf nicht der Gesamtlehre widersprechen.

Lege keine Stelle isoliert aus, sondern immer im Zusammenhang der ganzen Gottesoffenbarung.

3. Das Gesetz der „fortschreitenden Offenbarung" (Beziehung zw. AT und NT)

Das Alte Testament ist ohne das Neue Testament unvollständig. In den Büchern der Bibel gibt es eine fortschreitende Offenbarung Gottes, die in der Person Jesu Christi gipfelt.

Das Neue Testament muß folglich in allen Fragen das letzte Wort haben!
Die alttestamentlichen Aussagen können letztlich erst vom Neuen Testament richtig verstanden werden.

4. Voraussetzungen für eine richtige Interpretation

Es ist wichtig:

- die biblischen Gebräuche, Sitten und Ausdrücke zu kennen.
- mit der Geographie aller biblischer Länder vertraut zu sein.

- die biblische Geschichte zu kennen (Personen/Königreiche).

- einen Überblick über Gottes Heilsplan zu gewinnen.

- die drei Menschengruppen der Bibel zu kennen: Juden, Heiden und die Gemeinde (s. 1. Kor. 10, 32) und zu wissen, wer angesprochen wird.

- den historischen Hintergrund jedes Buches, die Umstände unter denen es geschrieben wurde und deren Zweck zu kennen.

V. Wie sieht die Bibel sich selbst

Bei Fragen zur Autorität der Aussagen in der Bibel ist es das beste, die Heilige Schrift selbst dazu Stellung nehmen zu lassen.

4. Mose 23, 19 Ps. 89, 35 Jes. 46, 10 - 11 55, 10 - 11 Jer. 1, 12	Gott steht zu seinem Wort, zu seinen Verheißungen
Jos. 1, 8 Ps. 1 Ps. 19, 8 - 9 119, 9 - 16 Spr. 2, 1 - 12 4, 20 - 22 Röm. 1, 16 10, 17 1. Petr. 2, 2	Segen durch das Wort Gottes
Ps. 12, 7 119, 105 Jes. 55, 10 Jer. 23, 29 Mt. 4, 4 Hebr. 4, 12 - 13 Jak. 1, 23	Symbole für das Wort Gottes

Weitere Bibelstellen/Notizen

AGAPE

die Liebe, die Jesus in die Welt brachte – bei unserer Wiedergeburt geschieht etwas Entscheidendes – das neue Gesetz – in der Liebe wachsen – wohin gelangen wir, wenn wir den Weg der Liebe konsequent gehen.

I. Agape – die Liebe, die Jesus in die Welt brachte, unser erstes Gebot

3. Mose 19, 18	Im *alten Bund* wurde von den Israeliten erwartet, daß sie ihre Nächsten lieben, (hebr. „ahab") „gern haben" sollten, wie sich selbst.
Joh. 13, 34. 35	Durch das Erlösungswerk Jesu wurde *ein neuer Bund mit einem neuen Gebot errichtet,* in dem wir als Wiedergeborene leben.

Der neue Bund wird von einem neuen Kennwort geprägt: *Agape – die Wesensart Gottes,* die Liebe, die nicht das Ihrige sucht, sondern die Haltung hat: *„Ich suche nicht mein, sondern dein Glück"!* Jesus erwartet, daß wir den Bruder so lieben (agapeo), wie er es getan hat.

II. Bei unserer Wiedergeburt geschieht etwas Entscheidendes

2. Kor. 5, 17 Kol. 2, 13 Röm. 8, 15	Unser menschlicher Geist kommt zu neuem Leben; wir empfangen den Geist der Sohnschaft, d. h. Gottes Geist (seine Wesensart)
Röm. 5, 5	Gott gießt seine Liebe aus in uns durch den Heiligen Geist.
Gal. 4, 6. 7	Wir gehören als Erben zur Familie Gottes
2. Petr. 1, 4	mit allen Rechten (Verheißungen)
Joh. 13, 34. 35 15, 7 a	und Pflichten.

Durch die *Wiedergeburt,* die Aufnahme in die Familie Gottes, hat Gott uns ausgerüstet und fähig gemacht, seinen „Weg der Liebe" zu gehen, – wie Jesus es getan hat.

1. Joh. 3, 14	Der Beweis der „neuen Geburt", d. h. des Übergangs vom geistlichen Tod zum Leben in Christus, ist der „Liebestest".

III. Das Neue Gesetz

1. Joh. 3, 16	Wir wissen, was „Agape" ist durch die Offenbarung und das Vorbild Jesu.
Röm. 13, 8 - 10 Gal. 5, 14 1. Tim. 1, 5 1. Joh. 3, 11	Dieser „*Weg der Liebe*" ist das Gesetz der neuen Schöpfung in dem neuen Bund.
1. Kor. 13, 4 - 7	Paulus hat durch göttliche Offenbarung dieses neue Gesetz der „Agape" erläutert und aufgegliedert, so daß wir eine praktische Anleitung für den Umgang miteinander haben.
1. Joh. 4, 16	Liebe – das ist die Wesensart Gottes Liebe – das ist Gott, der durch das Leben seiner Kinder wirkt.
Gal. 5, 22	Liebe ist eine Frucht des wiedergeborenen Geistes.

Die neutestamentlichen Briefe zeigen das neue Gebot im täglichen Leben der Gemeinde.

Röm. 12, 9. 10	ungeheuchelte Liebe
Röm. 14, 13	einander nicht richten
1. Kor. 6, 7	keine Prozesse mit Christen führen; sich lieber Unrecht tun lassen
2. Kor. 6, 3	niemandem Anstoß geben
Eph. 4, 1 - 3	einander in Liebe ertragen; die Einheit des Geistes bewahren
Eph. 5, 1 - 2	in der Liebe Gottes Nachahmer sein
1. Thess. 4, 9	Liebe zu allen Brüdern
Hebr. 10, 24	aufeinander achten und zur Liebe anspornen
1. Petr. 1, 22	nachhaltig und von Herzen lieben
1. Petr. 3, 8	gleichgesinnt und barmherzig sein; nicht Böses mit Bösem vergelten

1. Petr. 4, 8	nicht nachlassen in der Liebe
1. Joh. 3, 11 - 23	sein Leben für die Brüder einsetzen
4, 7 - 21	Liebe treibt die Furcht aus
2. Kor. 5, 13 - 15	Paulus war in Feuer gesetzt durch die Liebe Gottes und wollte nicht mehr für sich selbst leben.
1. Kor. 10, 24	Wenn wir von der Liebe gedrängt sind, verschwindet die Selbstsucht.
1. Kor. 9, 19 - 23 2. Kor. 12, 15 Röm. 9, 3	Ich lebe, um anderen zu helfen und für Jesus zu gewinnen, bis hin zur Selbstaufopferung.
Röm. 15, 1. 2. 7	Die Starken sollen die Schwachen tragen.

IV. In der Liebe wachsen

Röm. 5, 5	Gottes Liebe wurde in unsere Herzen ausgegossen.
Eph. 4, 15	Wir sollen in der Liebe wachsen,
Phil. 1, 9 1. Thess. 3, 12	bis wir in ihr überströmen.

Wir wachsen in der Liebe:

Mt. 4, 4	wenn wir uns *mit seinem Wort nähren*
Jos. 1, 8	a) darüber *sinnen* b) danach *handeln*
1. Petr. 1, 22	Gottes Wort ist „die Wahrheit"; durch den Gehorsam ihm gegenüber werden wir verändert zu „ungeheuchelter Bruderliebe"
2. Kor. 3, 17. 18	und wenn wir *seine Gegenwart beständig suchen*
Jud. 20 Eph. 6, 18	und *allezeit im Geist beten*

Gal. 4, 19	bis Christus in uns gestaltet ist
Gal. 2, 20 Joh. 15, 5	und er in uns lebt und wirkt.

V. Wohin gelangen wir, wenn wir den Weg der Liebe konsequent gehen

Joh. 14, 21. 23	Wir erleben die Liebe des Vaters und des Sohnes und er offenbart sich uns.
V. 23	Gott und Jesus bleiben beständig bei mir.
Eph. 3, 17 - 19 Eph. 4, 15	Wir werden die Größe Christi erkennen und mit der ganzen Fülle Gottes erfüllt. Die Liebe führt uns heraus aus der Selbstsucht, der Schwäche, dem Versagen und hinein in das Leben in der Kraft und den Fähigkeiten des Christus.
1. Kor. 12, 31	Der Weg der Liebe (1. Kor. 13) ist der bessere und der richtige Weg, damit Gott uns mit Geistesgaben beschenken kann.

Weitere Bibelstellen/Notizen

SÜNDE – SÜNDENBEKENNTNIS – SÜNDENVERGEBUNG

was ist Sünde – die Folge der Sünde – was hast du zu tun – Gottes Vergebung, dein neuer Anfang – Jesus, dein Fürsprecher – die Züchtigung Gottes.

I. Was ist Sünde

Für den Gläubigen gibt es nur eine grundlegende Sünde, die er begehen kann:

1. Joh. 3, 4	Sünde ist *Übertretung des Gesetzes.*
Joh. 13, 34. 35 Röm. 13, 8 - 10 Gal. 6, 2 1. Kor. 13, 4 - 7	Für den Wiedergeborenen im Neuen Bund gilt das eine *neue Gesetz: „Der Weg der Liebe"* (s. Thema Agape).

Sündigen heißt also: Durchbrechen des Gesetzes der Liebe,

Gal. 5, 16	das Leben im Geist (den Liebesbereich) zu verlassen
Röm. 8, 5 - 9	und im Fleisch (in der Selbstsucht) zu leben.

Damit hast du das Ziel, das Gott mit dir vorhat, verfehlt: Sünde (griech. „hamartia") bedeutet „nicht treffen" bzw. „Verfehlung" des neuen Gesetzes, das Jesus gegeben hat. Jede Sünde beginnt in der Selbstsucht und öffnet damit die Türen für andere Übertretungen.

II. Die Folge der Sünde

Ps. 89, 31 - 33	Gott wird Strafe folgen lassen, um dich zur Umkehr zu bewegen;
Ps. 89, 34 2. Sam. 7, 14 - 15	aber seine Liebe nicht abwenden. Du bist immer noch sein Kind und gehörst weiterhin zur Familie Gottes. Das Verwandtschaftsverhältnis besteht weiterhin: Verwandtschaft beruht auf Geburt (Wiedergeburt). Aber die Gemeinschaft ist gestört: Gemeinschaft beruht auf Verhalten.

2. Petr. 2, 20 Hebr. 6, 4 - 6 10, 26 - 31	Es sei denn du beharrst in deiner Sünde und wirst von ihr so überwältigt, daß du zum Schluß den Sohn Gottes fluchst und ihn mit Füßen trittst.
V. 26	Mit „mit Willen sündigen" ist nicht gemeint, daß du immer wieder von einer Verfehlung überrannt wirst und sie tust, weil du zu schwach bist, um zu widerstehen,
V. 29	sondern, daß du „den Sohn Gottes mit Füßen trittst" und sein Opfer verachtest. Aber solange du an die Erlösung durch ihn glaubst und sie in Anspruch nimmst, kannst du erneuert werden.

In dem Augenblick, in dem du sündigst, wird die *Gemeinschaft mit Gott unterbrochen.*

Jes. 59, 1. 2	Durch Sünde richtest du eine Mauer zwischen dir und Gott auf. Dadurch hast du die Verbindung zu ihm unterbrochen; er kann nicht hören und nicht retten.

Die Folge dieses Zustandes ist:

5. Mose 31, 17.18 32, 20	daß du getrennt bist von Gott. Du bist auf dich selbst gestellt und ungeschützter den Angriffen satanischer Mächte ausgesetzt.
Ps. 66, 18 Jes. 1, 15 Joh. 9, 31	Sünde hindert die Erhörung von vollmächtigen Gebeten.
Ps. 32, 3 - 4 38, 7	Wenn du Sünde unbereinigt verschweigst, kann dieser Zustand zu Depressionen
Jak. 5, 16 1. Kor. 11, 27 - 30	und auch zu Krankheit führen.
Spr. 28, 13	Die Last, unter der du stehst, macht dich unbrauchbar.
5. Mose 28, 65 - 68	Die Symptome eines Menschen, der sündig und getrennt von Gott lebt:
V. 65	Ruhelosigkeit, Nervosität, Schwachheit, Depressionen
V. 66	Furcht, Mißtrauen

V. 67	Sinnlosigkeit, Überdruß des Lebens
V. 68	und zum Schluß eine endgültige geistige Bindung.

III. Was hast du zu tun

Gott erwartet von dir *drei Schritte:*

1. Joh. 1, 9 Spr. 28, 13	– das Bekenntnis deiner Sünden vor Gott
Jak. 5, 16	und vor Menschen
Spr. 28, 13 Jer. 15, 19	– das Lassen der Sünde
4. Mose 5, 7 Lk. 19, 1 - 10	– das Wiedergutmachen Es ist gut, dieses im seelsorgerlichen Gespräch durchzusprechen und darüber zu beten, denn nicht alles kann oder sollte wiedergutgemacht werden. Dazu braucht man die Führung des Heiligen Geistes.

IV. Gottes Vergebung – dein neuer Anfang

2. Chr. 7, 14 Ps. 32, 5 86, 5	Wenn du diese Schritte nachvollzogen hast, darfst du sicher sein, daß Gott dir vergeben hat.
Jes. 43, 25	Wenn Gott dir vergeben hat, dann denkt er auch nicht mehr daran; er hat dir einen neuen Anfang gegeben.
Jes. 44, 22	Du nimmst die Vergebung an und bist nicht mehr traurig über die begangene Sünde, sondern jubelst über den wunderbaren Neuanfang unter dem Schutz Gottes.

V. Jesus - dein Fürsprecher

Jes. 53, 6	Gott kann uns deshalb unsere Sünden vergeben und dabei vollkommen gerecht sein, weil Jesus sie auf sich genommen hat.

Es ist wichtig, den *Dienst Jesu in unserem Zeitalter* zu sehen:

Hebr. 1, 3	Jesus sitzt zur Rechten Gottes,
Röm. 8, 34	er setzt sich dort für uns ein,
Eph. 2, 18 Hebr. 7, 25	durch ihn haben wir Zugang zu Gott, dem Vater.
1. Joh. 2, 1. 2	Wenn wir sündigen, ist er unser Fürsprecher vor Gott. Wenn du Jesu Opfertod für deine Sünden angenommen hast, wird er deine Sünden vor Gott auf sich nehmen und Gott wird deshalb vergeben können.

VI. Die Züchtigung Gottes

2. Sam. 7, 14	Auf Sünde wird Gott Züchtigung folgen lassen – entweder direkt oder dadurch, daß du dir selbst überlassen bleibst und / oder vermehrt den Angriffen satanischer Mächte ausgesetzt bist.

Er tut es *zu unserer Besserung*, weil er uns liebt:

Hebr. 12, 10	damit wir geheiligt werden, „seiner Heiligkeit teilhaftig werden"
1. Kor. 11, 31	und zurückkommen, damit wir nicht im Gericht mit der Welt verurteilt werden müssen.
1. Kor. 11, 32	Gott will dich nicht grundsätzlich züchtigen. Die Züchtigung ist nicht notwendig, wenn du dich „selbst beurteilst", d. h.: du siehst deine Sünde sofort ein, bekennst sie, läßt sie und machst sie so weit wie irgendmöglich wieder gut. Wenn du das tust, braucht dich Gott nicht zu züchtigen, um dich wieder zurückzuführen.

GEIST – SEELE – LEIB

Vergleich von Geist, Seele und Leib – der menschliche Geist – die Äußerungsformen der Seele – der Leib – der natürliche Mensch – die Wiedergeburt – Wachstum nach Geist, Seele und Leib

Im Gegensatz zur allgemein üblichen Auffassung der Dualität von Seele und Leib sieht die Bibel den Menschen als eine *Einheit aus drei Teilen:* Geist, Seele und Leib.

1. Thess. 5, 23	Gott möchte für seine Kinder eine umfassende Gesundung an Geist, Seele und Leib.
Hebr. 4, 12	Geist und Seele sind nicht dasselbe; das aufmerksame Studium im Wort Gottes wird den Unterschied zwischen diesen beiden klarmachen. „Gelenke und Mark" stehen hier für den dritten Teil: den Leib.

Es ist für jeden Christen wichtig, die einzelnen Funktionen von Geist, Seele und Leib, ihr Zusammenspiel und gegenseitige Beeinflussung zu kennen. Die richtige Einordnung und Schulung gemäß des Wortes Gottes hilft, in einen gesunden geistlichen Wachstumsprozeß einzutreten.

I. Vergleich von Geist – Seele – Leib

Geist	*Seele*	*Leib*
gibt uns *Gottesbewußtsein*	vermittelt das *Selbstbewußtsein*	gibt uns *Weltbewußtsein*
Durch den Geist kommen wir mit Gott in Verbindung, können wir Gott erfassen und anbeten. Er ermöglicht uns den Umgang mit der geistlichen Welt.	Die Seele ist der Sitz meiner Persönlichkeit. Sie beinhaltet den Verstand, den Willen und das Gefühl.	Der Leib verschafft uns den Kontakt mit der äußeren, den Sinnen zugänglichen Welt durch seine fünf Wahrnehmungssinne: Tasten, Hören, Sehen, Riechen, Schmecken.
Gott wohnt im Geist.	Das *Ich* wohnt in der Seele.	Die *Sinne* wohnen im Leib

Diese biblische Sicht der Dreiteilung wird im folgenden durch Bibelstellen belegt.

II. Der menschliche Geist

Wenn wir die Schriftstellen zum menschlichen Geist durcharbeiten, finden wir zumindest *drei Hauptfunktionen:*

A Funktion des Gewissens

Das Gewissen ist als *unterscheidendes Organ* Bestandteil des menschlichen Geistes.

Röm. 8, 16	Gottes Geist bezeugt sich dem menschlichen Geist.
2. Kor. 2, 12	Paulus war beunruhigt in seinem Geist und nahm diesen Impuls als einen warnenden Hinweis nicht zu bleiben, sondern nach Mazedonien zu ziehen.
Kol. 3, 15	„. . . und der Friede des Christus *entscheide* in euren Herzen." Der „Friede des Christus" soll in uns ein unterscheidendes Organ sein. („Herz" bedeutet in der Bibel häufig das Zusammenwirken von Geist und Seele.)

Beim *natürlichen Menschen* ist der Geist, und damit die Funktion des Gewissens als richtungsweisender Impuls Gottes, abgestorben. Das Gewissen ist bei ihm demnach hauptsächlich von der Seele bestimmt, die wiederum, je nach Kultur und Erziehung, programmierbar ist und so eine sehr unzuverlässige Instanz darstellt.

Tit. 1, 15	Das Gewissen des Ungläubigen ist befleckt,
Röm. 2, 15	obwohl ihm eine gewisse Restfunktion nicht abgesprochen wird.

Nach der Wiedergeburt muß der Gläubige lernen, die Impulse des Gewissens aus dem Geist nicht mit den Gedanken der Seele zu verwechseln oder zu unterdrücken.

Hebr. 10, 22	Da es ein Zusammenspiel aus Geist und Seele ist, muß es ge-
9, 14	reinigt werden von den falschen Impulsen der Seele
1. Kor. 8, 7	und durch die Erkenntnis aus dem Wort Gottes stabilisiert werden.
Apg. 24, 16	Darin haben wir uns zu üben
1. Tim. 1, 5	und darauf zu achten, es gut und rein zu bewahren.
3, 9	
Röm. 9, 1	Erst dann wird mir die Stimme des Gewissens
2. Kor. 1, 12	ein zuverlässiges Zeugnis werden.
Hebr. 13, 18	

B Funktion der Intuition

Der menschliche Geist ist auch das *empfangende Organ für göttliche Offenbarungen* und für das Sprechen des Heiligen Geistes. Es ist ein direktes Wissen, das wir im Geist von Gott empfangen, ohne Einfluß von Verstand und Gefühl.

Röm. 8, 14 V. 16	Gott leitet seine Kinder durch den Heiligen Geist, indem der Heilige Geist dies unserem Geist bezeugt.
Apg. 20, 22	Paulus hatte in seinem Geist die klare Überzeugung nach Jerusalem zu gehen.
Mk. 2, 8 8, 12 Joh. 13, 21	Jesus erkannte und bekam in seinem Geist Klarheit über gewisse Situationen und Gedanken anderer.

C Funktion der Kommunikation in der Anbetung

Joh. 4, 23	Wahre Anbetung vollzieht sich im Geist und in der Wahrheit.
1. Kor. 14, 14 + 15	Wenn ich in Zungen bete, dann bete ich mit meinem Geist
1. Kor. 14, 4	Das Ergebnis ist, daß ich in dieser Haltung vor Gott auferbaut werde, d. h. meine Seele und mein Leib werden durch das Beten im Geist gestärkt.

Der menschliche Geist ist also die Instanz, die den Gläubigen mit Gott in Verbindung bringt und hält. Hier halte ich das Gespräch mit ihm, bete ihn an und bekomme seine Weisung und Korrektur. Gott offenbart sich nicht der Seele, sondern nur dem wiedergeborenen menschlichen Geist.

III. Die Äußerungsformen der Seele

Der menschliche Geist empfängt Weisung vom Geist Gottes und übermittelt diese Impulse der Seele. Die Seele wiederum übt den Leib, den Anordnungen des Geistes zu folgen.

So steht die Seele als *Bindeglied* zwischen dem Geist und dem Leib. Sie ist von sehr großer Bedeutung. Als *Sitz meiner Persönlichkeit*, mit dem Willen als größten Machtfaktor, entscheidet sie, ob die göttliche oder natürliche Welt regieren soll.

Das hebr. Wort „nephesh" aus dem A. T. wird meistens mit Seele übersetzt. Wir finden aber auch Übersetzungen wie Sinn, Gier, Begierde, Herz, Leben, ich u. a. Das entsprechende griech. Wort ist „psyche" und wird als Seele oder Leben wiedergegeben.

A Der Wille

In der Seele treffe ich meine Entschlüsse. Dort findet meine Bereitwilligkeit oder mein Unwille seinen Ausdruck.

1. Chr. 22, 19	Die Seele entscheidet sich
Hiob 6, 7	oder weigert sich, etwas zu tun.
Lk. 1, 47	Mit ihr treffe ich z. B. die Entscheidung, Gott zu loben oder es sein zu lassen.

B Der Verstand

Die Seele ist auch der Ausdruck meiner intellektuellen Möglichkeiten. Dort finden wir menschliche Erkenntnis und Urteilskraft.

Spr. 19, 2	Sie kann voller Unkenntnis
24, 14	oder voller Weisheit sein.
Ps. 13, 3	Mit ihr treffe ich Überlegungen
139, 14	und speichere ich Wissen.

C Die Gefühle

Neben Wille und Verstand beinhaltet die Seele noch den Ausdruck unserer Zuneigungen und Abneigungen.

1. Sam. 18, 1	Seelen können sich in Liebe verbinden.
Hoh. 1, 7	
Ps. 42, 2	Sie drückt starkes Verlangen,
84, 3	
1. Sam. 30, 6	aber auch Erbitterung aus.

Neben diesen drei Ausdrucksformen der Seele: Wille, Verstand und Gefühl, steht das Wort „Seele" für das menschliche Leben allgemein. Wenn dies nicht berücksichtigt wird, kann es zu Mißverständnissen kommen.

Die „Seele" als der Mensch selbst

1. Mose 2, 7 1. Mose 12, 5 46, 27	Da die Seele der Sitz der Persönlichkeit des Menschen ist, wird der Mensch in der Bibel häufig einfach Seele genannt, wobei nicht an die drei Ausdrucksformen der Seele gedacht wird.
Lk. 12, 19 - 23	Hier steht für die beiden deutschen Übersetzungen „Seele" und „Leben" im Griechischen nur ein Wort: „psyche".
Mk. 3, 4 Apg. 20, 24 Jak. 5, 20	Ebenso steht das griech. Wort „psyche" bei folgenden Bibelstellen mit der Bedeutung von Leben allgemein.

Wir sehen, daß die Seele als Sitz der Persönlichkeit eines Menschen und als Bindeglied zwischen Geist und Leib wohl unsere größte Beachtung und richtige Schulung in der Unterordnung unter die Impulse des Geistes benötigt. Wir haben auch aufzupassen, daß wir die Ausdrucksformen der Seele nicht als das Wirken des Geistes ansehen, sondern müssen klar unterscheiden lernen, was von uns und was von Gott kommt.

IV. Der Leib

Der Leib schafft den Kontakt mit der äußeren, den Sinnen zugänglichen Welt durch die fünf Wahrnehmungssinne: Tasten, Hören, Sehen, Riechen und Schmecken. Damit nimmt er all das wahr, was an Kräften und Antrieben positiver oder negativer Art in uns ist oder auf uns einwirkt und übt so seinen Einfluß auf die Seele aus.

2. Kor. 4, 7 5, 1 Phil. 3, 21	Der Leib, den wir jetzt haben, wird in der Bibel als „irdenes Gefäß", „irdisches Zelt" oder als „Leib der Niedrigkeit" bezeichnet.
1. Kor. 6, 19. 20	Trotzdem ist er die Wohnstätte des Heiligen Geistes. Er gehört Gott und wir sollen durch ihn Gott verherrlichen.
Röm. 8, 11	Der Heilige Geist in uns will unseren Körper schützen und stärken, so daß wir fähig bleiben, Gott zu dienen.
1. Kor. 9, 27	Der Leib will mit seinen Antrieben auch negativen Einfluß auf die Seele ausüben und steht oft in Feindschaft zu den Impulsen des Geistes. Er muß deshalb in Kontrolle unter die Seele gehalten werden.
Ps. 139, 13 - 14	Auch wenn wir die negativen Antriebe des Leibes beherrschen sollen, kennt die Bibel keine Leibfeindlichkeit, in der Art, daß der Leib geringer geachtet wird als die Seele oder der Geist. Nein, Gott hat uns wunderbar geschaffen und alle drei Wesenszüge des Menschen sollen geheiligt werden und untadelig bewahrt bleiben (s. 1. Thess. 5, 23).

Den Menschen, der in seiner Persönlichkeit (Seele) von den Impulsen des Leibes gesteuert wird, bezeichnet die Bibel als „Fleisch".

1. Mose 6, 3 Röm. 7, 14 Eph. 2, 3	„Fleisch" ist der Mensch in seiner Verdorbenheit nach Seele und Leib.
Gal. 5, 16 - 26	Das „Leben im Fleisch" (d. h. Herrschaft des Leibes über die Seele) steht im Kampf gegen das „Leben im Geist" (d. h. Herrschaft des Geistes über die Seele)

V. Der natürliche Mensch

Der *natürliche Mensch* hat einen abgestorbenen (toten) Geist, das heißt aber nicht, daß er keinen Geist hat. Seit dem Hochverrat Adams ist der menschliche Geist verkümmert und kann von sich aus keine Impulse von Gott empfangen.

1. Joh. 3, 14 1. Tim. 5, 6 Kol. 2, 13 Joh. 5, 24 - 25 Mt. 8, 22	Die Bibel sagt, daß der natürliche Mensch, obwohl er auf dieser Erde lebt, tot ist – geistlich tot, weil sein Geist keinen Zugang zu Gott hat.
Eph. 2, 3 1. Joh. 2, 16	Er lebt im Fleisch, d. h. von den Antrieben seines Leibes, die die Seele beeinflussen.
Eph. 4, 17 - 19	Hier wird der natürliche Mensch beschrieben. Weil er im Herzen (Geist) verstockt ist, ist er entfernt von Gott, unwissend über Gottes wahres Wesen, am Verstand verfinstert und der Nichtigkeit seiner Sinne ausgeliefert.

VI. Die Wiedergeburt

Die Wiedergeburt ist das größte Wunder, das sich im Leben eines Menschen vollziehen kann. Sie ist der Prozeß des Übergangs vom Tod zum Leben.

Eph. 2, 12	Der Mensch lebt ohne Gott in der Welt, ausgeschlossen von seinen Verheißungen.
Kol. 1, 12. 13	Durch die Wiedergeburt werde ich hineingenommen in Gottes Reich und bekomme einen Anteil am Erbe der Heiligen.
Gal. 4, 1 - 8	Ich gewinne die Sohnschaft und werde Erbe Gottes, d. h. das, was Gott gehört, gehört auch mir. Ich darf lernen, damit zu leben.

Bei der Wiedergeburt bekomme ich ein *neues Leben* und die *Innewohnung des Heiligen Geistes.*

Joh. 3, 1 - 6	Das neue Leben zeigt sich darin, daß der menschliche Geist wiedergeboren wird,
Hes. 36, 26. 27	d. h. Gott gibt dem Menschen einen neuen Geist.
Röm. 8, 14 - 17	Von nun an kann er mit Gott in steter Verbindung bleiben.
1. Kor. 3, 16 6, 19	Gleichzeitig nimmt der Heilige Geist Wohnung in unserem Körper.
Joh. 4, 14	Jesus spricht zu einem ungläubigen Menschen über die Wiedergeburt. Der Heilige Geist, hier symbolisiert durch das Wasser, ist in dem Wiedergeborenen wie eine Quelle.
Joh. 7, 37-39	Hier spricht Jesus über Gläubige und bezieht sich auf das Pfingstereignis. Der Heilige Geist, der im Wiedergeborenen wie eine Quelle sprudelt, soll sich in ihm und aus ihm heraus wie ein breiter Strom in der Geistestaufe ergießen.

VII. Wachstum nach Geist, Seele und Leib

2. Kor. 5, 17	„Das Alte ist vergangen, siehe Neues ist geworden." Was in der Wiedergeburt neu geworden ist, ist nur der Geist. Seele und Leib sind davon nicht betroffen. Wir haben sie unter die Zucht unseres wiedergeborenen Geistes zu bringen und sie zu verändern.

Es ist für jeden Christen von größter Bedeutung zu wissen, was ihm durch die Wiedergeburt geschenkt worden ist und dann zu erkennen, was ihn noch mit dem alten Wesen verbindet.

Das Dilemma mit vielen Christen ist, daß sie zwar wiedergeboren sind, es aber niemals gelernt haben, Seele und Leib zu verändern.

1. Kor. 3, 1 - 3	Paulus bezeichnet sie als fleischliche, unmündige Christen, in denen, trotz wiedergeborenem Geist, das Fleisch (Seele und Leib) genauso herrscht wie in den Ungläubigen.

Durch den wiedergeborenen Geist schafft Gott die Voraussetzung für die Überwindung des Fleisches. Es ist unsere Aufgabe, den menschlichen Geist zu schulen und Seele und Leib zu verändern.

A Schulung des Geistes

Da der menschliche Geist die Instanz ist, zu der Gott spricht und uns lehrt und uns in seine Ruhe einführt, ist es wichtig, daß wir ihn schulen und für die Impulse Gottes sensibel machen.

Joh. 4, 23	Dazu muß man viel Zeit mit Gott allein verbringen, zu ihm sprechen und ruhig werden vor ihm.
1. Kor. 14, 14. 15	Das *Beten in Zungen* ist eine große Hilfe im Geist ruhig zu werden vor Gott, da ich mich so freihalte von dem Einmischen seelischer Eindrücke. So kann ich mich besser einstimmen auf das Reden Gottes zu meinem Geist.
1. Kor. 14, 4	Anbeten in Zungen erbaut mich selbst. Mein Geist wird sensibel für das Reden Gottes und meine Seele und mein Leib werden durch den Geist auferbaut.

B Reinigung der Seele

Die Reinigung und Unterordnung der Seele unter die Anweisungen des menschlichen Geistes nimmt Gott uns nicht ab. Das haben wir selbst zu tun. Die Schrift sagt uns allerdings, wie wir die Seele gefügig machen können, für die Impulse des menschlichen Geistes.

1. Petr. 1, 22	Da die Seele vom alten Wesen her gefüllt ist mit eigenen und rebellierenden Gedanken und Gefühlen muß sie davon gereinigt werden durch den *Gehorsam gegen die Wahrheit,* zur ungeheuchelten Bruderliebe.
Joh. 17, 17	Gottes Wort ist die Wahrheit und sagt, wie ich mich zu verhalten habe.
Jak. 1, 21	Ich habe Gottes Wort beständig in mich aufzunehmen und auch zu befolgen und die Seele so einem Reinigungsprozeß zu unterziehen, bis meine egoistischen Gedanken, Gefühle und Entscheidungen herausgespült und gegen die Gedanken Gottes ausgetauscht sind.
Röm. 12, 2	Wenn auf diese Weise mein Sinn verwandelt wird, ist meine Seele in der Lage, das zu hören und zu befolgen, was mein Geist vom Geist Gottes empfängt und ich kann so im Willen Gottes leben.

C Das Opfer des Leibes

Die Seele steht als Bindeglied zwischen den Impulsen des Leibes und des Geistes, die in Feindschaft sind. Wenn der Geist regieren soll, müssen die negativen Antriebe des Leibes absterben. Wir finden in der Schrift klare Anweisungen zur Unterordnung unseres Leibes.

Röm. 12, 1 1. Kor. 9, 26 - 27	Wir sollen unseren Leib Gott opfern; d. h. wir sollen ihm nicht die Freiheit lassen, die er will, sondern sollen ihn disziplinieren und unter den Gehorsam des Glaubens bringen. Dann nehmen wir ihm den negativen Einfluß auf die Seele und weiter auf den Geist.
Röm. 12, 1	Dies ist ein *„vernünftiger Dienst für Gott",* indem wir das ablegen, was problematisch und gefährlich für unsere Nachfolge sein kann.
1. Kor. 6, 19 - 20	Unser Leib gehört uns nicht selbst, wir sollen ihn Gott opfern, um ihn damit zu verherrlichen.
1. Thess. 4, 4	Es ist Gottes klarer Wille, daß wir ihn kontrollieren und in Heiligkeit und Ehrbarkeit halten.

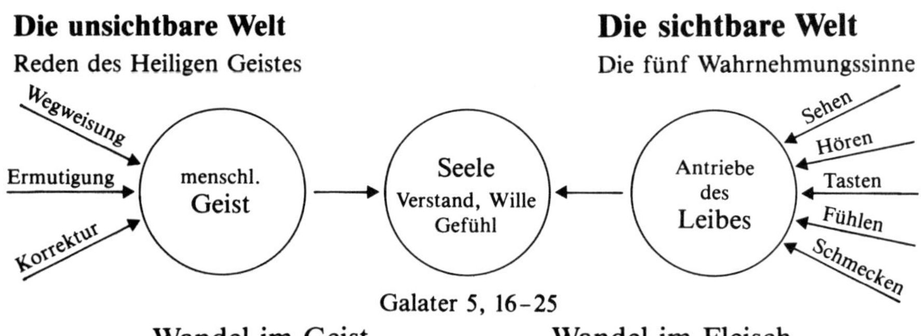

Vom *Geist Gottes* werden aus der *unsichtbaren Welt* wegweisende, ermutigende und korrigierende Impulse an den menschlichen Geist gegeben, der diese wiederum an die Seele weiterleitet.

Die Einflüsse aus der *sichtbaren Welt* werden durch den *Leib* aufgrund der fünf Wahrnehmungssinne und seiner eigenen Antriebe an die Seele weitergegeben.

Als Sitz der Persönlichkeit entscheidet *die Seele* mit ihren Äußerungsformen des Denkens, Wollens und Fühlens, welchen Impulsen sie mehr gehorchen will, denen des Geistes oder des Leibes.

Weitere Bibelstellen/Notizen

KRANKHEIT UND HEILUNG

– die Bedeutung des Wortes Gottes – der Ursprung der Krankheit – Gottes Vorsorge im Alten Bund – Gottes Plan im Neuen Bund – unsere alles umfassende Erlösung in Christus – erkennen, was wir in Christus sind – Wege der Heilung durch das Wort Gottes – am Bekenntnis festhalten – Hinderungsgründe auf dem Weg zur Heilung – Gesundung an Geist, Seele und Leib.

Grundlage und Prüfstein für alle Aussagen, die das menschliche Leben betreffen, ist die Bibel. Das gilt für die Sündenvergebung, Wiedergeburt, den christlichen Lebensstil wie auch für Krankenheilung.
Wir müssen bereit sein, unsere Meinungen und Erfahrungen, ob sie negativ oder positiv sind, in Frage zu stellen und sie durch die Aussagen der Bibel bestätigen oder verneinen zu lassen.

In bezug auf Heilung gibt es mindestens drei verschiedene Haltungen, die sich dem Urteil durch Gottes Wort stellen müssen:

1. Heilung ist nicht für heute, sie hat mit den Aposteln aufgehört.
2. Gott heilt aufgrund eines besonderen Gebets oder Glaubensaktes, aber nur, wenn er will.
3. Heilung ist das legale Recht jedes Kindes Gottes. Wenn die Haltung richtig ist, empfängt es Heilung auf der gleichen Grundlage wie es Sündenvergebung empfängt.

Diese Meinungen und sicherlich auch noch andere müssen im folgenden geprüft werden:

1. Die Bedeutung des Wortes Gottes

Die Bibel ist in ihren Aussagen einfach und eindeutig. Was wörtlich gemeint ist, nehmen wir wörtlich und was als Symbol oder Gleichnis gegeben wird, symbolisch oder gleichnishaft.

2. Tim. 3, 16	„*Alle Schrift* ist von Gott eingegeben und nützlich zur Belehrung, . . ."
4. Mose 23, 19 Ps. 89, 35 Jes. 46, 10. 11 55, 10. 11	Gott steht zu seinem Wort, zu seinen Verheißungen. Das gilt für die Aussagen zur Krankenheilung, wie für alles Andere, das uns offenbart ist.

Jer. 1, 12	. . . und er wacht darüber, daß sie eintreten.
Mal. 3, 6 Hebr. 13, 8	Er ist immer derselbe und tut das Gleiche – gestern, heute und in Ewigkeit.

2. Der Ursprung der Krankheit

1. Mose 1, 26 - 31	In Gottes ursprünglicher Schöpfung, vor dem Hochverrat Adams, war Gesundheit selbstverständlich. Gott schuf den Menschen *„in seinem Bilde"*, das Geschaffene war *„sehr gut"*, d. h. es war ohne Fehler und Krankheit.
Röm. 5, 12 1. Mose 3, 1ff Hiob 2, 7 Apg. 10, 38 Lk. 13, 16	Sünde, Tod und daraus folgend auch Krankheit entstanden mit dem Hochverrat Adams und sind die Ergebnisse der Machtübernahme Satans als Gott dieser Welt (s. Thema „Satan").

3. Gottes Vorsorge im Alten Bund

Gott wollte auch im Alten Bund, daß sein Volk frei war von Krankheit und ging mit ihnen Bündnisse ein,

2. Mose 23, 25. 26 5. Mose 28, 58 - 62	in denen er ihnen versprach, Krankheit von ihnen fortzunehmen, wenn sie ihren Teil des Bundes einhalten würden.
	Gott nennt ihnen *vier Bedingungen:*
2. Mose 15, 26	„Wenn du fleißig auf die Stimme des Herrn, deines Gottes, hören wirst und tun, was recht ist in seinen Augen und horchen wirst auf alle seine Gebote und beobachten alle seine Satzungen, – so werde ich keine der Krankheiten auf dich erlauben, die ich auf Ägypten erlaubt habe; – denn ich bin der Herr, der dich heilt."
2. Mose 24, 1 - 8	Israel ging diesen Bund ein und versprach, alle Gebote zu halten.

Solange sie gehorsam waren, gab es keine Krankheit.

Jes. 58, 1 - 11 2. Chr. 16, 11 - 13 Ps. 6, 2 - 3	Krankheit kam durch Bündnisbruch und Ungehorsam dem Gesetz gegenüber. Sie war und ist die Last auf dem Menschen,

103,3 107,17 - 20	wenn er Gottes Angebot nicht versteht oder verwirft.

4. Gottes Plan im Neuen Bund

Gottes Plan mit dem Alten Bund war, daß kein Gläubiger krank sein brauchte. Das ist auch der Wille Gottes

Hebr. 8,6	für die Menschen unter dem Neuen Bund, der sogar auf *noch besseren Verheißungen* gegründet ist.
Jes. 53,4.5	Christus kam, um uns von Krankheit und Sünde zu erlösen.
Mt. 4,23	Er tat einen dreifachen Dienst: er lehrte, er predigte und heilte.
1. Joh. 3,8	Jesus kam, um das zu zerstören, was Satan der Menschheit angetan hatte, als er ihr geistiger Vater wurde.
Apg. 10,38	Er brach die Macht Satans über die Krankheit.

Wenn wir das Leben Jesu studieren, lernen wir Gottes Haltung der Krankheit gegenüber kennen. Krankheit kommt durch den Einfluß Satans in dieser Welt, und Gott möchte uns durch Christus davon befreien. Wenn Krankheit nicht von Satan käme, müßte sie einen Platz in Gottes Plan für den Menschen haben.

Mt. 8,14 - 17 Mt. 9,1 - 8 18 - 22 27 - 31	Dann wäre aber der Heilungsdienst Jesu gegen die Absichten Gottes.
Mt. 10,1 - 8 Lk. 10,1.8 - 9	Jesus gab seinen Jüngern Vollmacht, Kranke zu heilen.
Mt. 28,20 Mk. 16,15 - 20 Joh. 14,12	Alle Jünger in der heutigen Zeit haben den Befehl, die gleichen Gebote zu beachten, die Jesus den ersten Jüngern gab.
Apg. 3,6 5,12 - 16 9,33 - 35 14,8 - 10 28,8 - 9	Bei den ersten Christen finden wir überall Wunder der Heilung.

1. Kor. 12, 9 Jak. 5, 14 - 16	Heilung ist ein Teil des Dienstes der Gemeinde.

5. Unsere alles umfassende Erlösung in Christus

Jes. 53, 4 - 5 Mt. 8, 16 - 17 1. Petr. 2, 24	Gott hat uns, die wir wiedergeboren sind, in Christus eine *alles umfassende Erlösung* geschenkt. Jesus ist für unsere Sünden und Krankheiten gestorben. Vergebung von Sünde und Befreiung von Krankheit gehören zusammen.

6. Erkennen, was wir in Christus sind

Joh. 10, 10 Röm. 8, 11	Jesus gab Befreiung von Sünde und Krankheit; sie gehören nicht in die Familie Gottes.
Gal. 4, 1 - 7 Eph. 1, 3	Wir müssen unser *Erbe als Kinder Gottes* erkennen, annehmen und in die Verwirklichung hineinwachsen.
Röm. 12, 2 Eph. 4, 22 - 23 1. Kor. 2, 12 - 16	Nur der *erneuerte Sinn* kann diese Wahrheit erfassen.
Jos. 1, 8 Mt. 4, 4	Die Erneuerung des Sinnes kommt durch das *Wort Gottes.* Durch das a) *Sinnen über dem Wort.* b) *Handeln auf das Wort hin.*
Spr. 4, 20 - 22	Ich muß die Bibel studieren, bis ich weiß, welches meine Rechte sind und daran festhalten.
Röm. 10, 17	Glaube kommt durch Gottes Wort.

Unser Problem ist häufig der Zweifel an der absoluten Verläßlichkeit des Wortes Gottes. Wenn wir uns mit Gottes Wort „füttern", wird es unser Denken ausfüllen, bis wir anfangen, Gottes Gedanken zu denken. Dann ist das Vertrauen in Gottes Verheißungen kein Problem mehr.

7. Wege der Heilung durch das Wort Gottes

Es gibt unterschiedliche Wege der Heilung an Menschen aufgrund ihrer unterschiedlichen Beziehung zu Gott.

Mk. 16, 18 Apg. 3, 1 - 8 28, 8 - 9	1. *an Ungläubigen* um a) Gott zu verherrlichen und bekannt zu machen b) als Segen für den Ungläubigen, um es ihm leichter zu machen, Christus anzunehmen.
Mt. 18, 19	2. an *Christen* Gott hat eine Verheißung auf das gemeinsame Gebet gelegt. Es ist hilfreich, andere zur Gebetsunterstützung zu rufen.
Jak. 5, 14-16	Wenn wir unser Leben erneut vor Gott geklärt haben, sprechen verantwortliche Brüder das Gebet des Glaubens.
Jes. 53, 3 - 5 Mt. 8, 16 - 17 1. Petr. 2, 24	3. *an Gläubigen, die ihre Rechte erkannt und angenommen haben* Heilung gehört zu uns – wenn ich diese Tatsache mit dem erneuerten Sinn erkannt und angenommen habe, kann ich Satan widerstehen, wenn er mich mit Krankheit quälen will.

8. ... am Bekenntnis festhalten

Hebr. 11, 6 Mt. 8, 13 9, 29	Du empfängst und behältst alle Verheißungen Gottes durch deinen Glauben.
Jak. 5, 15	Wenn du durch das „Gebet des Glaubens" eines anderen geheilt worden bist, so muß *dein Glaube die Heilung aufrechterhalten.*
Hebr. 4, 14	– du mußt am Bekenntnis festhalten, auch wenn die äußeren Umstände zunächst das Gegenteil beweisen wollen. *Festhalten:* – an der vollkommenen Wahrhaftigkeit des Wortes Gottes – an dem vollkommenen Erlösungswerk in Christus – an dem Sieg über Satan – an den Verheißungen (Heilung), die für dich gelten.
Joh. 10, 10	Satan ist ein Dieb und will die von Gott gegebene Heilung wieder stehlen.

2. Kor. 10, 3 - 5	Er sät Gedanken des Zweifelns. Diese müssen wir „zum Gehorsam des Christus gefangen nehmen".
Luk. 10, 19 1. Joh. 4, 4	Jesus hat uns den Sieg verheißen.

9. Hinderungsgründe auf dem Weg zur Heilung

Gott hat von seiner Seite alle Voraussetzungen zur Heilung gegeben, das bedeutet aber nicht, daß nun alle Christen automatisch geheilt werden. Wir dürfen nicht vergessen, daß wir nicht dem Sterben enthoben sind und daß es eine ganze Reihe von Hinderungsgründen auf dem Weg zur Heilung geben mag.

	1. Das Gefühl der Wertlosigkeit:
1. Joh. 3, 2 2. Kor. 5, 21 Röm. 8, 1	durch Jesus Christus sind wir Gottes Kinder, Gottes Gerechtigkeit geworden. Satan will uns Minderwertigkeiten einreden, damit wir unsere Rechte nicht in Anspruch nehmen.
	2. Hoffnung statt Glaube: wenn du auf deine Heilung hoffst, bedeutet es, daß du keinen Glauben daran hast.
Hebr. 11, 1 Mk. 11, 24	Glauben heißt: auf das Wort Gottes hin handeln. Was mir das Wort Gottes zuspricht, gehört mir und ich handle daraufhin.
	3. Verstandesglaube:
Joh. 20, 24 - 30 2. Kor. 5, 7	Thomas sagt: Ich glaube erst, wenn ich es sehe. Der biblische Glaube handelt, obwohl er noch nichts sieht und trotz der dagegensprechenden Umstände; er gibt dem Wort Gottes die Vorrangstellung gegenüber dem, was er sieht und denkt.
2. Tim. 4, 1 - 4 3, 5	*4. Falsche Lehre über das Erlösungswerk Christi* wie: – Gott möchte, daß wir krank sind – seine Verheißungen sind heute nicht mehr wirksam – Heilung ist symbolisch gemeint u. a.
	Wir haben uns von diesen falschen Gedanken zu lösen und ganz neu das auferbauende Wort Gottes in uns aufzunehmen.

2. Kor. 2, 11	5. *Unwissenheit:* – über das Wirken Satans – über unsere Rechte – über das Leben im Glauben
	6. *Zweifel:*
Jak. 1, 6 - 8 Mt. 14, 22 - 33	der Zweifel raubt uns das, was Gott uns geben will. Den Zweifel überwinden wir durch die Erneuerung des Sinnes.
	7. *Sünde,*
1. Kor. 11, 28 - 30 Jak. 5, 16	die nicht bekannt und zurückgehalten wird.
Mk. 11, 25	8. *Unversöhnlichkeit*
Lk. 13, 11. 16	9. *Dämonische Bindungen,* die nicht gelöst worden sind.
1. Thess. 4, 4	10. *Unverantwortliche Haushaltung mit meinem Körper.* Wir haben unseren Körper in Heiligkeit und Ehrbarkeit zu halten und nicht zu schädigen durch zu wenig Schlaf, zuviel Nahrung, Streß, Nikotin u. a.

10. Gesundung in Geist, Seele und Leib

1. Thess. 5, 23	Gott möchte für uns eine umfassende Gesundung an Geist, Seele und Leib.
1. Kor. 3, 16 Röm. 8, 11	Wenn wir wiedergeboren sind und Gott mit seinem *Geist* in uns wohnt,
Jak. 1, 21 Röm. 12, 2	wenn wir unsere *Seele* erneuern durch das Wort Gottes,
Röm. 12, 1 Gal. 5, 16	wenn wir unseren *Leib* Gott als ein wohlgefälliges Opfer geben, wenn wir Seele und Leib unter die Leitung unseres wiedergeborenen menschlichen Geistes bringen und im Geist und im Glauben leben.
Hebr. 6, 11 - 12 2. Petr. 1, 3 - 11 Eph. 6, 10 - 18	. . . dann werden wir es lernen, die Verheißungen Gottes anzunehmen und in unserem Leben zu verwirklichen und Sieger über die Anfechtungen Satans zu werden.

Weitere Bibelstellen/Notizen

ERHÖRLICHES BETEN

es ist der Wille Gottes, die Gebete seiner Kinder zu erhören – Hinderungsgründe zum erhörlichen Beten

I. Es ist Gottes Wille, die Gebete seiner Kinder zu erhören

Mt. 7, 7	Es ist Gottes Wille, daß du bittest und bekommst was du brauchst; alles das, was in der Bibel versprochen und von Gott zugesagt ist.
Ps. 23, 1 34, 10. 11 84, 12	„Keinen Mangel zu haben" ist eines der klarsten und umfassendsten Versprechen.
Mt. 17, 20b 21, 22 Mk. 9, 23	Gottes Versprechen sind unbegrenzt.
Mk. 11, 22 - 24	Wenn es eine Begrenzung in der Erhörung gibt, dann ist es die *Grenze des Glaubens* – es liegt nicht an Gottes Willen oder Macht.
Joh. 14, 12 - 15 16, 23 - 26 15, 7 Gal. 4, 19 Phil. 2, 5	Gott wird niemals „nein" sagen, wenn ein Mensch des Glaubens im Namen und in der Gesinnung Jesu bittet.
1. Joh. 5, 14 Jer. 1, 12	„. . . nach seinem Willen bitten . . ." Die Bibel ist „sein Wille"; Gott wird hören, wenn du um die Einlösung seiner Verheißungen in deinem Leben bittest, denn ER steht zu seinem Wort.

Das Neue Testament sagt ganz klar, daß einem Kind Gottes jedes Gebet beantwortet wird, das im Glauben gesprochen wird. Gott hat schon immer und wird immer Gebete erhören, die im Glauben, Vertrauen und vollkommener Hingabe zu ihm gesprochen werden.

Ps. 89, 34. 35 119, 89. 90. 160 Jes. 55, 10. 11	Gott kann nicht und wird sich nicht weigern, sein eigenes Wort zu erfüllen, – er geht seine Verpflichtungen ein.

II. Hinderungsgründe zum erhörlichen Beten

Mt. 17, 20 21, 22	Wir haben nicht im Glauben gefragt,
Jak. 1, 5 - 8	... gezweifelt,
Joh. 9, 31 Jes. 59, 2 Ps. 66, 18	... gesündigt,
Mk. 11, 25. 26	... leben nicht in der Vergebung,
Joh. 15, 7	... leben nicht in Harmonie mit Jesus und seinem Wort,
Hebr. 11, 6 Lk. 11, 5 - 13 18, 1 - 8	... haben nicht mit Ernst gesucht, nicht hartnäckig geklopft,
Phil. 4, 6	... zuviel Sorgen gemacht,
1. Petr. 3, 7	... schlechtes Eheleben geführt,
Jak. 4, 3	... in übler Gesinnung gebetet,
Mt. 6, 5	... wir stellen uns zur Schau,
Mt. 6, 7	... machen unnötiges Geschwätz,
5. Mose 3, 26	... wir stehen unter dem Gericht Gottes und haben Buße zu tun,
Spr. 21, 13 Jes. 58, 9ff	... wir sind verhärtet in Hartherzigkeit,
Spr. 28, 9	... wir wollen uns nicht durch Gottes Wort belehren lassen,
1. Joh. 3, 22. 23	... wir halten seine Gebote nicht; tun nicht das vor ihm Wohlgefällige; glauben nicht an den Namen Jesu Christi und lieben einander nicht.

Weitere Bibelstellen/Notizen

ANBETUNG – LOBPREIS

Anbetung ist ein Gebot Gottes für sein Volk – die verschiedenen Arten der Anbetung – die richtige Haltung bei der Anbetung – was geschieht in der Atmosphäre der Anbetung – Sieg durch Anbetung.

I. Anbetung ist ein Gebot Gottes für sein Volk

Offb. 1, 6 1. Petr. 2, 9	Jesus hat uns zu *Priestern des Neuen Bundes* gemacht,
1. Petr. 2, 5	die Gott nicht mehr Opfer von Tieren bringen, sondern *geistliche Schlachtopfer.*
Hebr. 13, 15 Ps. 50, 23	Geistliche Schlachtopfer sind beständige *Opfer des Lobes.*
Ps. 40, 17 100, 2. 4 106, 2 107, 21. 22 147, 1 Jes. 43, 21 Phil. 4, 4 1. Thess. 5, 16 - 18 Offb. 19, 5 - 7	Durch die ganze Bibel hindurch finden wir die Aufforderung, Gott zu danken und zu loben.
Ps. 81, 2 - 5	Es ist ein *Gebot Gottes* für sein Volk.
Ps. 81, 9. 14	Gott ist betrübt, daß dieses Gebot so wenig eingehalten wird.

II. Die verschiedenen Arten der Anbetung

Die Bibel zeigt uns eine *Vielfalt der Ausdrucksmöglichkeiten* unseres Dankes und unserer Anbetung. Wenn wir Gott anbeten wollen, ist es gut, das von IHM offenbarte Muster als Beispiel zu nehmen:

Gebrauch des Mundes

Offb. 5, 11. 12 19, 1. 6	sprechen / laut sprechen

Offb. 7, 10	rufen
Ps. 7, 18 9, 3. 12 40, 4 47, 7 66, 2 68, 5	singen / Gott besingen / Psalmen singen / neue Lieder singen / Lobgesang bringen / im Geist (in Zungen) singen
69, 31 98, 1 105, 2 106, 12 147, 7 Esra 3, 11 Apg. 16, 25 1. Kor. 14, 15 Eph. 5, 19 Jak. 5, 13	– es gibt mehr als 300 Hinweise in der Bibel, die uns sagen, daß wir singen sollen
Kol. 1, 3 2, 7 1. Thess. 5, 18	danken
Ps. 30, 2 34, 4 107, 32	Gottes Namen erheben
Ps. 35, 18 48, 2 52, 11 66, 8 103, 1. 20 138, 2	Unter der deutschen Übersetzung *„loben, anbeten, preisen"* versteht der hebräische Urtext „sich rühmen, feiern, strahlen, schwärmen, außer sich sein, singen, ein Bekenntnis machen".
Ps. 5, 12 32, 11 33, 1 68, 4 81, 2 92, 5 95, 1 98, 4 149, 2	sich freuen / jubeln / jauchzen / frohlocken

Esra 3, 11	
Zeph. 3, 14	
Lk. 1, 47	
1. Thess. 5, 16	
Ps. 126, 2	lachen
Ps. 9, 2. 12	Zeugnis geben
105, 2	
107, 22	
Hab. 2, 20	schweigen

Gebrauch der Hände

Ps. 63, 5	Hände aufheben
119, 48	
134, 2	
141, 2	
Klagel. 3, 41	
1. Tim. 2, 8	
Hebr. 12, 12	
Ps. 47, 2	in die Hände klatschen
98, 8	
Jes. 55, 12	

Spielen von Musikinstrumenten

Ps. 33, 3	In den genannten Bibelstellen werden alle Gruppen der damals gebräuchlichen Musikinstrumente aufgezählt.
57, 9	
144, 9	
150, 3 - 5	
2. Chr. 5, 13	

Haltung oder Bewegung des Körpers

Ps. 30, 12	Reigentanz – damit war zur Zeit des Alten Testamentes Hüpfen und Springen zu Lobgesang und Musik gemeint
149, 3	
150, 4	
2. Sam. 6, 14	

Ps. 134, 1 135, 2	stehen
Ps. 95, 6 1. Chr. 29, 20 Eph. 3, 14	niederbeugen und knien
Mt. 26, 39 Lk. 17, 16 Offb. 1, 17 2. Chr. 5, 13. 14	vor Gott hinfallen / liegen

Verschiedene Orte der Anbetung

Ps. 104, 1 Lk. 1, 47	als Einzelner
Ps. 22, 23. 26 26, 12 111, 1 149, 1 1. Chr. 29, 20 2. Chr. 29, 27. 28	in der Gemeinde
Ps. 18, 50 35, 18 57, 10	in der Öffentlichkeit

Anbetung ist sowohl die Sache des Einzelnen wie auch der ganzen Gemeinde.

Offb. 5, 11 - 13	Sie ist eine ergreifende, lautstarke Angelegenheit. Die Bibelstellen zeigen uns, daß das Zeugnis unseres Mundes unterstützt und bestätigt wird durch verschiedene Haltungen und Bewegungen unseres Körpers. Gott möchte, daß wir das, was uns innerlich bewegt, auch durch unsere Gebärden vor ihm ausdrücken.
Ps. 149, 4	Gott sagt ausdrücklich, daß er sich freut, wenn wir so vor ihn treten.

III. Die richtige Haltung bei der Anbetung

Joh. 4, 23 Mt. 4, 10 V. 9	Alle Anbetung ist *auf Gott ausgerichtet;* Satan hat ein großes Interesse, daß nicht Gott, sondern er selbst angebetet wird. Er ist sogar bereit, Jesus alle Reiche der Welt zu geben, wenn Jesus ihn anbeten würde.
1. Kor. 6, 19. 20 Joh. 16, 14	Der Heilige Geist wohnt in uns; es ist seine Aufgabe, Jesus durch uns zu verherrlichen.
Mt. 15, 8 Hebr. 10, 22	Es ist wichtig, daß wir Gott von ganzem Herzen suchen und nicht in ein religiöses Ritual verfallen. Wir sollen aufrichtig und mit ehrlichen Motiven vor ihn treten.
Ps. 86, 12	David ist uns darin ein großes Vorbild.
2. Sam. 6, 14 - 22 V. 21. 22	Er freute sich so sehr über die Rückgewinnung der Bundeslade, daß er sich nicht schämte, vor allen seiner Freude Ausdruck zu geben und zu jauchzen und vor der Bundeslade herzuhüpfen, auch wenn andere daran Anstoß nahmen. Er tat es für Gott!

IV. Was geschieht in der Atmosphäre der Anbetung

Anbetung führt uns in die richtige Haltung vor Gott und zu uns selbst. Sie lehrt uns über Gott, über uns selbst und unsere Verantwortung in dieser Welt.

Ps. 22, 4	Sie ist ein *Weg in die Gegenwart Gottes.*
Ps. 81, 2 - 5. 7	Wenn wir unsere Augen von den Umständen abwenden und in der Anbetung zu Gott kommen, werden wir *von Lasten und Bindungen befreit.*
V. 8 Ps. 29 68, 33 - 34	Wir öffnen einen *Weg der Kommunikation,* so daß Gott auf besondere Weise zu uns sprechen kann.
Ps. 81, 8 95, 1. 2. 6. 7	Gott *prüft und korrigiert uns* in der Atmosphäre der Anbetung.
2. Kor. 3, 18	Wenn wir uns Zeit nehmen für die Gegenwart Gottes, werden wir *umgewandelt,* gottähnlicher gemacht.
Ps. 34, 6	Gott *erfüllt uns* dabei *mit seiner Freude.*

Ps. 57, 8 Phil. 4, 4. 7	Gott gibt *Ruhe und Ausgeglichenheit.*
Ps. 16, 7	Man kann Tag und Nacht in einer *tiefen Gemeinschaft mit Gott* bleiben.

V. Sieg durch Anbetung

In der Bibel wird uns ein *hohes Niveau der Anbetung* vor Augen geführt:

Ps. 34, 2 35, 27. 28 71, 8 113, 3 Hebr. 13, 15	wir sollen allezeit preisen / beständig loben / den ganzen Tag . . . / stets
Röm. 8, 26	Dieses vermagst du nicht durch deine Anstrengung und Willenskraft. Dazu bist du zu schwach und weißt auch nicht, wie du es tun sollst. Der Heilige Geist nimmt sich deiner Schwachheit an und tritt für dich ein.
Joh. 7, 37. 38	Öffne dich der Kraft des Heiligen Geistes und er wird dich in eine ständige Anbetung hineinführen.
Apg. 16, 25ff	Anbetung ist ein *Weg zum Sieg;* Paulus und Silas entscheiden sich in dieser entwürdigenden und schmerzvollen Situation, Gott die Ehre zu geben und öffnen damit Gott einen Weg, übernatürlich einzugreifen.
2. Chr. 20 V. 15 - 17 V. 22	Das Volk Israel bekommt von Gott die Weisung, IHM den Kampf gegen die Angreifer zu überlassen. Als sie losziehen mit Jubel und Lobgesang, ist dies für Gott die Gelegenheit einzugreifen.
Mt. 4, 10	Aller Dienst für Gott kommt aus der Anbetung. Erst bringen wir Anbetung, danach dienen wir IHM.
2. Kor. 1, 3. 4	Von uns aus können wir den Menschen wenig Trost bringen. Erst öffnen wir uns Gott in der Anbetung, damit er uns trösten kann, danach können wir anderen helfen, mit dem, was wir von Gott empfangen haben.

Weitere Bibelstellen/Notizen

FASTEN

das Vorbild und die Lehre Jesu – das Vorbild der Urgemeinde – das persönliche Zeugnis von Paulus – Fasten im Alten Testament – richtige oder falsche Haltung beim Fasten – drei Arten des Fastens.

Fasten ist die vorsätzliche Enthaltung von fester Nahrung für geistliche Zwecke. Der Mensch beugt sich in Demut vor Gott und diszipliniert seine seelischen Bedürfnisse, um sich dabei dem Himmlischen zu öffnen.

Mt. 17, 14 - 21	Aufrichtiges Gebet, unterstützt mit Fasten, ist der Schlüssel zum menschlich Unmöglichen.

I. Das Vorbild und die Lehre Jesu

Lk. 4, 1ff	Nach der Taufe begann Jesus seinen Dienst mit einem Fasten.
Mt. 6, 16 - 18 V. 5	In Bezug auf *das Fasten* spricht Jesus im gleichen Tonfall wie in Bezug auf *das Beten:* „Wenn du . . . " Wenn Jesus erwartet, daß ein Christ betet, erwartet er auch, daß er fastet!
V. 18 Hebr. 11, 6	Gott wird es belohnen; vielleicht anders als man es erwartet, aber er wird es belohnen, wie er immer die belohnt, die ihn aufrichtig suchen.
Mt. 9, 14 - 16	Jesus erwartet, daß in der Zeit, in der er nicht da ist, die Gläubigen fasten werden.

II. Das Vorbild der Urgemeinde

Apg. 13, 1 - 3 14, 23	Die ersten Christen verstanden Jesus auch so und praktizierten es, um den Willen Gottes und seine Führung erkennen zu können.

III. Das persönliche Zeugnis von Paulus

2. Kor. 6, 4 - 7	Fasten ist ein Erweis (Erkennungszeichen) eines Dieners Gottes; es gehört zum Dienst.
2. Kor. 11, 27	Paulus praktizierte es oft.

IV. Fasten im Alten Testament

Fast alle Männer, die Gott rief und in ihrem Zeitalter gebrauchte, waren Männer, die fasteten:

2. Mose 34, 28ff 4. Mose 12, 3. 7. 8	*Mose,* zu dem Gott „von Mund zu Mund" sprach, *empfing Offenbarungen von Gott,* während er fastete.
Ri. 20, 26ff	Das *Volk Israel* bat Gott unter Fasten *um Wegweisung.*
2. Chr. 20, 3ff	*Josaphat* rief über ganz Juda ein Fasten aus, weil sie ratlos waren und *Hilfe von Gott brauchten.*
Jona 3, 5 - 10 Hes. 33, 14 - 16	Die *Leute von Ninive* fasteten, um Gott die Ernsthaftigkeit ihrer Umkehr zu zeigen und die *Auflösung des Gerichtsurteils* zu erlangen, so wie er es verheißt, wenn aufrichtig Buße getan wird.
Esther 4, 15ff	*Esther* rettet durch Fasten ihre Nation. In *dieser kritischen Stunde* erkennt sie, daß Fasten die machtvollste Waffe ist zur Erlangung der Befreiung.
Esra 8, 21 - 23	*Esra* stand vor der Entscheidung, den Weg in die Freiheit unter menschlichem Schutz oder im Vertrauen auf Gottes Verheißung zu gehen. Das Fasten half ihm, *Vertrauen in den übernatürlichen Schutz Gottes* zu fassen.
Neh. 1, 1ff	*Nehemia* hörte von der hoffnungslosen Situation in Jerusalem. Er betete und fastete und *Gott öffnete den Weg* für ihn, nach Jerusalem zu ziehen und die Stadt wieder aufzubauen.
Dan. 9, 2 - 4 20 - 22	*Daniel* fastet, um *klareres Verständnis für die Worte der Schrift* zu empfangen.
Joel 1, 1 - 14 2, 12. 15	In die Situation greulicher Verwüstung und Hoffnungslosigkeit ruft *Joel* ein Fasten aus.
2, 28	„*danach* werde ich meinen Geist ausgießen . . ." – nachdem sein Volk Gottes Ruf nach Gebet und Fasten gefolgt ist.

V. Richtige oder falsche Haltung beim Fasten

Ps. 35, 13	„. . . ich *demütigte* meine Seele mit Fasten . . ."

Ps. 69, 11 „Als ich weinte und meine Seele *reinigte (züchtigte)* im Fasten"

Ps. 109, 24 David fastete dabei über längere Zeit.

Die Seele (Verstand, Wille, Gefühl) ist der rebellierende Teil des Menschen; sie muß vor Gott gedemütigt werden und IHN an erste Stelle lassen.

Jes. 58, 3 - 5 Jesaja beschreibt eine Haltung, die von Gott nicht akzeptiert wird: Fasten als religiöse Zeremonie, um mehr persönliche Macht über andere zu gewinnen.

V. 6 Fasten, an dem Gott Wohlgefallen hat, entspringt anderen Motiven. Dem Wunsch, zu helfen und im geistlichen Bereich Schlingen und Bindungen zu lösen.

V. 7 Aufrichtiges Fasten ist verbunden mit ehrlicher, praktizierender Nächstenliebe.

Mt. 6, 16 - 18
Sach. 7, 5 Man fastet nicht, um Ehre von Menschen zu suchen oder aus selbstsüchtigen Motiven, sondern um Gott zu suchen und sich vor ihm zu beugen.

Fasten wird niemals die Gerechtigkeit Gottes ändern, sondern *mein Verständnis für den Willen Gottes öffnen.*

2. Sam. 12, 15ff Wenn etwas außerhalb des Willens Gottes liegt, wird Fasten es nicht in den Willen Gottes bringen.

Jer. 14, 11. 12 Es kann ein Zuspät geben, welches auch Fasten nicht aufheben wird.

VI. Drei Arten des Fastens

In der Bibel finden wir drei verschiedene Arten zu fasten:

1. *Normales Fasten* ist Verzicht auf feste Nahrung. Es beinhaltet jedoch das Trinken von Wasser. Wasser ist kein Nahrungsmittel, da es keine Nährstoffe enthält, aber ein lebensnotwendiger Bestandteil des Körpers, der ständig erneuert werden muß.

Mt. 4, 2 Nachdem Jesus gefastet hat, hungert ihn. Die normale und erste Reaktion wäre Durst; daraus kann man schließen, daß Jesus während dieser Zeit getrunken hat.

Lk. 4, 1. 2 — Im Lukasevangelium wird hervorgehoben, daß Jesus in der Fastenzeit nicht aß und daß seine erste Reaktion Hunger war.

2\. *Enthalten von Speise und Trinken*

2\. Mose 34, 27 - 28 — Esther 4, 15ff — Diese Art des Fastens wird zweimal erwähnt. Man sollte sie nicht über wenige Tage hinaus praktizieren, es sei denn, man hat die direkte göttliche Führung und seinen Beistand.

3\. *Verzicht auf köstliche, wohlschmeckende Speise* und andere

Dan. 10, 3 — tägliche Annehmlichkeiten über einen bestimmten Zeitraum, um seine Seele zu disziplinieren und sich besser auf die Gegenwart Gottes einstellen zu können.

Weitere Bibelstellen/Notizen

DIE UNSICHTBARE WELT

– es gibt eine sichtbare und unsichtbare Welt – die sichtbare Welt ist in die unsichtbare eingebettet – das Unsichtbare birgt sowohl die guten wie auch die bösen Geister – das Erscheinen von Geistern – leben mit dem Unsichtbaren – das Zeugnis der Männer des Neuen Bundes – Männer des Alten Bundes, die in beiden Wirklichkeiten lebten.

1. Es gibt eine sichtbare und unsichtbare Welt

Kol. 1, 16	Es ist eine grundlegende Offenbarung der Schrift, daß es zwei unterschiedliche Wirklichkeiten gibt: eine sichtbare und eine unsichtbare.
1. Kor. 4, 9	Paulus versteht unter „Welt" (gr. kosmos) eine Gesamtwirklichkeit bestehend aus der sichtbaren und unsichtbaren Welt.

Die *sichtbare Welt* ist die Welt des Menschen, in die er hineingeboren wird, in der er sich mit seinen 5 Sinnen orientiert, in der er lebt und arbeitet, die er aber auch wieder verlassen muß.

Hiob 1, 6	Die *unsichtbare Welt* ist die Wirklichkeit, in der Gott mit den „Söhnen Gottes", mit den Geistern lebt, von der der Mensch beeinflußt wird und vor der er sich zu bewähren hat.
Ps. 90, 3	In diese Wirklichkeit wird er zurückgerufen, weil er sich dort für sein Leben im Sichtbaren zu verantworten hat.

Vom Unsichtbaren können wir nur soweit Aussagen machen, wie es uns das Wort Gottes offenbart. Von sich aus hat der Mensch keinen Zugang und auch keine angemessene Ausdrucksweise. So müssen die Männer der Bibel immer wieder auf Bilder aus der Welt des Sichtbaren zurückgreifen, um das Gesehene in der unsichtbaren Welt angemessen beschreiben zu können.

Dan. 10, 6 Offb. 1, 14	Deshalb finden wir häufig die Vergleiche: „Es sah aus *wie* . . .

Es gibt aber auch Dinge, die so heilig sind, daß menschliche Lippen sie nicht ausdrücken können.

2. Kor. 12, 4	Paulus stand es nicht zu, Mitteilungen aus der unsichtbaren Welt weiterzugeben.

Offb. 10,4 — Für uns ist es ein Geheimnis, was die sieben Donner Johannes mitgeteilt haben.

5. Mose 29, 29 — Gott gehört das Verborgene, aber was er offenbart hat, ist für uns wichtig zu wissen und zu befolgen.

2. Die sichtbare Welt ist in die unsichtbare eingebettet

Heilsgeschichtlich gesehen ist *das Unsichtbare* die ursprüngliche Wirklichkeit, aus der heraus *das Sichtbare* (auch der Mensch) erst geschaffen wurde.

Hiob 38, 4 - 7 — In die vorhandene Welt Gottes, das Unsichtbare, in dem Gott selbst und alle Wesen des Unsichtbaren zu denken sind, setzte Gott das Sichtbare hinein. Die unsichtbare Welt war Zeuge der Schöpfung der Erde.

Die sichtbare und die unsichtbare Wirklichkeit darf man sich als ein *Ineinander* vorstellen und nicht als zwei Welten, die weit voneinander entfernt sind.

Apg. 17, 27 - 28 — Gott ist nicht fern von uns; wir leben und bewegen uns innerhalb seiner unsichtbaren Welt.

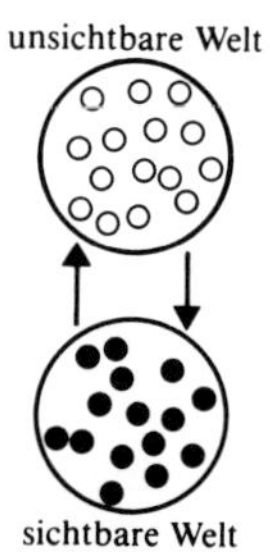

Den Bezug zu der unsichtbaren Welt dürfen wir uns nicht vorstellen als zwei Welten, die weit voneinander entfernt sind,

auch nicht als ein Umeinander, wie bei Kern und Schale,

sondern als ein sich gegenseitiges Durchdringen, als ein „Ineinander". Die sichtbare Welt ist in die unsichtbare Wirklichkeit eingebettet.

Jes. 57, 15
Jer. 23, 23 - 24 — So kann Gott dem Menschen einerseits verborgen sein und doch gleichzeitig sehr nahe sein.

3. Das Unsichtbare birgt sowohl die guten wie auch die bösen Geister

„Geister" ist ein Sammelbegriff für alle Wesen des Unsichtbaren, die als Geschöpfe Gottes durch sein Wort geschaffen und die gleiche geistliche Leiblichkeit haben, sich aber unterscheiden nach Wesensart, Auftrag und Rangordnung.

Jes. 6, 1ff Hebr. 1, 14	Die Bibel spricht von *„guten Geistern"* aus dem Reich des Lichts: von den hohen Geistern vor Gottes Thron bis zu den dienstbaren Geistern (Engeln) als Boten Gottes.
Eph. 6, 11 - 12 Mt. 10, 1 Lk. 8, 1 - 2	Sie spricht auch von den „bösen Geistern" aus dem Reich der Finsternis: Satan, seinen Gewaltigen und den Dämonen.
Mt. 4, 11	Bei der Versuchung Jesu treten Satan wie auch die Engel unmittelbar aus dem Unsichtbaren in das Sichtbare und gehen dorthin zurück.
Lk. 2, 9	„Siehe, ein Engel des Herrn trat zu ihnen." Auf den Befehl Gottes, war es für den Engel nur ein Schritt, um aus der unsichtbaren in die sichtbare Welt zu treten.

4. Das Erscheinen von Geistern

Im Griechischen gibt es zwei verschiedene Ausdrücke für das Erscheinen von Jesus oder Geistern aus dem Reich des Lichts und dem Erscheinen von den Geistern aus dem Reich der Finsternis.

Lk. 2, 9	Bei *Geistern aus dem Reich des Lichts* beschreibt es ein Sichtbarwerden, verbunden mit einem echten Hervortreten aus dem Unsichtbaren in das Sichtbare, teils mit einem materiellen, teils mit einem verklärten Leib.
1. Kor. 15, 5 - 8	Vor der Himmelfahrt „erschien" Jesus vielen unterschiedlichen Personen. Dies war eine Sichtbarmachung (d. h. zu Materie werden) im eigentlichen Sinne des Wortes.
Mk. 16, 12	Das geschah bei jedem Erscheinen neu und in anderer Gestalt.
Lk. 24, 15ff	Jesus geht mit den Emmausjüngern, spricht und bricht das Brot mit ihnen,
V. 31	dann tritt er zurück in das Unsichtbare, aus dem er zuvor gekommen war.

Lk. 24, 36ff Joh. 20, 19ff	Bei den Jüngern, die sich eingeschlossen haben, tritt er als der Unsichtbare in den Raum, wird sichtbar, spricht und ißt mit ihnen und läßt sich betasten.

Die Himmelfahrt Jesu zeigt wiederum deutlich das Ineinander von Sichtbarem und Unsichtbarem.

Apg. 1, 10 - 11	Plötzlich stehen zwei Engel als „Männer in weißen Kleidern" sichtbar vor ihnen und Jesus „geht", in eine Wolke eingehüllt, in das Unsichtbare hinüber.

Der Unterschied zu anderen Entrückungen in das Unsichtbare wie bei

1. Mose 5, 24	Henoch,
2. Kön. 2, 11	Elia
1. Thess. 4, 17	und der Brautgemeinde ist, daß es dort ohne ihr Zutun geschieht, während Jesus bei der Himmelfahrt selbst der Handelnde ist: er „geht hinüber".

Den *Geistern der Finsternis* ist diese Art des Erscheinens, ein echtes Hervortreten aus dem Unsichtbaren in das Sichtbare, offensichtlich nicht gestattet.

2. Kor. 11, 13 - 15	In bezug auf sie wird im Urtext von „verstellen" gesprochen; „eine andere Gestalt annehmen, sich mit einem anderen identifizieren".

Satan und den Dämonen gelingt das Heraustreten aus dem Unsichtbaren, d. h. die volle Sichtbarmachung nicht, sie bleiben im Unsichtbaren. Wenn sie gesehen werden, handelt es sich um einen Einblick in die unsichtbare Welt von seiten des Menschen.

Um einen materiellen Leib zu haben, müssen sie in Wesen dieser Welt fahren.

Eph. 2, 2	Sie wirken „*in* den Söhnen des Ungehorsams"
Joh. 13, 27	Satan fuhr in Judas und wirkte durch ihn.
Eph. 4, 26	Paulus warnt uns, Satan keinen Raum zu geben.
Mk. 5, 1 - 13	Es wird uns berichtet, daß Dämonen in Schweine gefahren sind.

5. Leben mit dem Unsichtbaren

Wir in der sichtbaren Welt sind von der unsichtbaren umgeben, die wir von uns aus mit den fünf menschlichen Sinnen nicht wahrnehmen können, mit der wir aber leben und von der spürbare Einwirkungen auf uns eingehen.
Der Mensch war ursprünglich geschaffen, Bürger beider Wirklichkeiten zu sein.

Adam hatte die ungetrübte Gemeinschaft mit Gott und geöffnete Augen und Ohren für das Unsichtbare.

1. Mose 3, 8ff	Durch seinen „Hochverrat" verlor er die Fähigkeit, in diesen beiden Wirklichkeiten zu leben.
Apg. 26, 18	Dem *natürlichen Menschen* sind „die Augen verschlossen", weil er unter der Herrschaft Satans steht.
Eph. 4, 17 - 19	Er hat keinen Zugang zu Gott und der Welt des Lichts.

Der *wiedergeborene Mensch* hat wieder eine Sensibilität für die unsichtbare Welt bekommen:

Eph. 2, 5ff	Er ist *mit* Christus auferweckt und kann *mit* ihm in den „himmlischen Örtern", d. h. in der unsichtbaren Welt, sitzen.
Hebr. 12, 22ff	Es wird gesagt, daß wir jetzt schon „gekommen sind" (Perfekt) zum „Berg Zion und zur Stadt des lebendigen Gottes, . . . und zu Myriaden von Engeln . . . " und daß wir jetzt schon dazu gehören.
Joh. 14, 19	Jesus sagt, daß die Welt ihn nicht mehr sehen wird, aber daß wir ihn weiterhin sehen.
Mt. 5, 8	Wir haben die Zusage, daß die, die reines Herzens sind, Gott sehen werden.
Sach. 3, 7 - 8	Dem Hohenpriester Josua wird verheißen, daß er ein- und ausgehen wird unter den Engeln, die vor Gottes Thron stehen, wenn er zwei Bedingungen erfüllt: a) wenn er Gottes Willen ausleben und b) seine Aufgaben treu erfüllen wird.

Gott hat und wird seinen Dienern, die engagiert und verantwortungsvoll für ihn tätig sind zu ihrer Stärkung und Auferbauung die tröstende Gemeinschaft mit der unsichtbaren Welt schenken.

6. Das Zeugnis der Männer des Neuen Bundes

2. Kor. 4, 18	*Paulus* gibt Zeugnis davon, daß wir die Dinge anschauen, die „man nicht sieht" und die ewig sind.
Apg. 22, 14. 17 23, 11 1. Kor. 9, 1 15, 8	Er war ein Mann, der Jesus sah und erfuhr, wie Jesus persönlich zu ihm sprach.
Apg. 27, 23	Er hatte Begegnungen mit Engeln, die ihm Botschaften von Gott überbrachten.
2. Kor. 12, 2 - 5	Paulus wurde in den „dritten Himmel", in die Wohnstätte Gottes entrückt und hörte dort unaussprechliche Mitteilungen.
Gal. 1, 11 - 12 Eph. 3, 3	Er empfing direkte Offenbarungen von Jesus Christus.
Apg. 7, 55 - 60	*Stephanus* sah bei seiner Steinigung den geöffneten Himmel und Jesus zur Rechten Gottes.
Apg. 10, 1ff	*Cornelius* erlebte, wie ein Engel aus dem Unsichtbaren zu ihm trat und ihm eine Botschaft gab.
Offb. 19, 11ff	*Johannes* sah den Himmel geöffnet.

7. Männer des Alten Bundes, die in beiden Wirklichkeiten lebten

2. Mose 19, 3 33, 9. 11	*Mose* war ein Mann, der mit Gott zusammen war und mit ihm sprach von „Angesicht zu Angesicht",
19 - 23	obwohl er dabei Gott nicht in seiner Herrlichkeit und seinem Licht gesehen hat, sondern in einer geistlichen Gestalt,
1. Tim. 6, 16	denn Gottes reines Angesicht vermag kein Mensch zu sehen.
4. Mose 12, 3 7 - 8	Mose wurde der demütigste Mensch der Erde genannt und war bewährt und vertrauenswürdig in seinem Amt, deshalb konnte Gott ihm auf diese besondere Art begegnen.
Jos. 5, 13 - 15	*Josua* hat in einer schwerwiegenden Entscheidungssituation eine Begegnung mit dem Unsichtbaren, der in der Gestalt eines Heerführers vor ihn tritt und ihn in seiner Aufgabe ermutigt.

2. Kön. 2, 9 - 12	*Elisa* erlebt die Entrückung Elias mit und hat dabei einen Einblick in die unsichtbare Welt.
2. Kön. 6, 14 - 16	In der gefährlichen Situation einer Belagerung bleibt Elisa ganz ruhig, weil er in beiden Wirklichkeiten lebt und den Schutz der unsichtbaren Welt um sich sieht.
V. 17	Es ist immer Gott, der die Augen öffnet für die unsichtbare Welt.
4. Mose 22, 31	*Bileam* sieht erst was sich vor ihm in der unsichtbaren Welt abspielt, als Gott ihm die Augen enthüllt.
Jes. 6, 1ff	*Jesaja* werden die Augen geöffnet und ihm wird eine überwältigende Schau geschenkt von der Anbetung im Unsichtbaren vor Gottes Thron.
Dan. 3, 19ff	Gott schenkt sogar dem Heiden *Nebukadnezar* geöffnete Augen, so daß er sieht, wie die drei Männer aus dem Sichtbaren in das Unsichtbare hinübergenommen worden sind und ihnen ein Engel zur Seite gestellt wird.
Dan. 10, 1 - 14	*Daniel* hat eine Sicht von dem Unsichtbaren, während andere Männer dabei sind und die Heiligkeit der Begegnung spüren, aber nichts sehen. An der Wortwahl der Beschreibung erkennt man, daß es eine überwältigende Schau gewesen sein muß.

Aus den Berichten erkennt man, daß es zwei grundverschiedene Befähigungen Gottes gibt, durch die er Menschen etwas von dem Unsichtbaren erfahren läßt.

2. Kön. 6, 14 - 17	*1. Gott gibt geöffnete Augen für das Unsichtbare.*
Apg. 7, 55 - 60	Das Sichtbare wird für die Augen des Menschen transparent, so daß er durch das Sichtbare in das Unsichtbare hineinschauen kann.
1. Mose 18, 1ff Lk. 24, 36ff Hebr. 13, 1 - 2	*2. Boten Gottes treten aus dem Unsichtbaren heraus in das Sichtbare,* was der Mensch mit den natürlichen Augen wahrnehmen kann.

Weitere Bibelstellen / Notizen

ENGEL

Beschaffenheit der Engel – der Wohnort der Engel – Anzahl der Engel – Eigenschaften der Engel – Dienst der Engel für unser leibliches Wohl – Dienst der Engel für unser geistliches Wohl – unser gemeinsamer Kampf gegen Satan und seine Mächte – Engel als Gerichtsvollstrecker.

Die Bibel bezeugt von Anfang bis Schluß das Dasein von Engeln und Dämonen. Die Menschen sind eingebettet in die unsichtbare Welt. Engel sind uns oft näher als wir meinen. Im Alten Testament werden sie 108mal und im Neuen Testament noch öfter, 165mal erwähnt.

Sie sind Boten Gottes (griech. „angelos", von „angello": ich schicke) in dieser Welt, die seine Dienste ausführen. Unter Kindern Gottes wird zu wenig über ihren Dienst gesprochen, obwohl Gott uns in seinem Wort genug offenbart hat, was wir über Engel wissen sollten.

Der Christ, der Verständnis gewonnen hat über die unsichtbare Gegenwart der dienstbaren Geister, die zu seinem Schutz da sind, wird ein neues, lebendiges Vertrauen in die Macht und Hilfe Gottes finden können.

1. Beschaffenheit der Engel

Kol. 1, 16	Engel wurden, wie wir Menschen, von Gott erschaffen.
Neh. 9, 6	Sie gehören zu den unsichtbaren Dingen die Gott schuf.
Hiob 38, 4 - 7	Es gab sie schon vor Erschaffung der Erde, denn sie sind Zeugen dieser Schöpfung.

Das Gespräch Jesu mit den Sadduzäern gibt uns wertvollen Aufschluß über die Beschaffenheit von Engeln:

Mk. 12, 25	Sie sind einmal von Gott geschaffen, sie haben aber *keine Möglichkeit zur Fortpflanzung,*
Lk. 20, 36	sie sind auch *unsterblich.*
Lk. 24, 39	Engel haben *keinen physischen Körper,* denn „ein Geist hat nicht Fleisch und Bein"; sie können aber zu bestimmten Diensten physische Formen annehmen.

Mt. 4, 11 Lk. 2, 9	Sie können *blitzschnell erscheinen und wegtreten,* sind aber nicht wie Gott allgegenwärtig.

Engel zu sehen ist immer eine überwältigende Schau; von den Schreibern der Bibel werden Bilder verwandt, um das Gesehene angemessen beschreiben zu können:

Mt. 28, 3 Joh. 20, 12	Ihr Angesicht ist wie ein Blitz und die Kleidung wird als leuchtend weiß beschrieben.
Offb. 10, 1	Johannes sieht ein leuchtendes Angesicht wie eine Sonne.
1. Mose 18, 1ff	Wir finden aber auch, daß Engel einfach die Gestalt von Menschen annehmen.
Hebr. 13, 1 - 2	Dies kann häufig geschehen und so unauffällig, daß der Unterschied zu einem normalen Menschen kaum auffällt.

2. Der Wohnort der Engel

Mt. 16, 27 18, 10 Offb. 10, 1	Engel können überall hingelangen, aber als himmlische Wesen ist ihr Zuhause der Himmel.

Dort stehen sie bereit, Aufträge Gottes entgegenzunehmen und hinzugehen, wo er sie hinsendet.

Lk. 2, 9	Ein Engel wird zu den Hirten geschickt, um ihnen die Geburt Jesu anzukündigen.
Apg. 10, 3	In einer anderen Situation geht ein Engel zu Cornelius und gibt ihm Anweisung, nach Petrus zu schicken.

3. Anzahl der Engel

Hebr. 12, 9 1. Sam. 1, 3	Gott wird der „Vater der Geister" und der „Herr der Heerscharen" genannt, insgesamt 281mal
Dan. 7, 10 Offb. 5, 11	Daniel und Johannes sprechen von zehntausendmal Zehntausende, die vor Gottes Thron stehen.
Mt. 26, 53	Jesus spricht davon, daß Gott ihm sofort mehr als zwölf Legionen (eine Legion hat 6000) Engel zur Verfügung stellen könnte.

Hebr. 12, 22 — Der Schreiber des Hebräerbriefes spricht von „Myriaden von Engeln", wobei unter einer Myriade eine sehr große, aber unbestimmte Anzahl verstanden wird.

Auf jeden Fall gibt es mehr Geister aus dem „Reiche des Lichts", als aus dem „Reich der Finsternis".

Offb. 12, 3 - 4, 7 - 9 — Hier wird symbolisch davon gesprochen, daß ein Drittel der Engel Gottes einmal mit Lucifer gegen Gott rebelliert haben und auch in dem hier beschriebenen zukünftigen Krieg im Himmel in seiner Gefolgschaft stehen.

4. Eigenschaften der Engel

2. Petr. 2, 11; Offb. 5, 2; 18, 1 — Engel haben *Macht* und Fähigkeiten, die weit über die des Menschen hinausgehen.

Ps. 103, 20 — Sie werden deshalb auch „Gewaltige" oder „starke Helden" genannt.

2. Kön. 19, 35 — Ein Engel schlug in einer Nacht 185 000 Assyrer.

2. Sam. 14, 20; 1. Kor. 4, 9 — Engel haben *große Weisheit*; sie wissen um alles, was auf der Erde vorgeht.

Apg. 7, 53; Hebr. 2, 2 — Durch sie ist das Gesetz gegeben worden.

1. Petr. 1, 12 — Trotzdem ist ihre Einsicht in die Weisheit Gottes begrenzt.

Mt. 24, 36 — Sie wissen zum Beispiel nicht, wann der Herr wiederkommen wird.

Eph. 3, 10 — Es gibt Dinge über die Weisheit Gottes, die sie von der Gemeinde lernen.

Mk. 8, 38; Apg. 10, 22 — Engel sind *heilig*.

Offb. 22, 8 - 9 — Engel sind *demütig*, sie nehmen keine Ehre von Menschen an.

Jud. 9 — Im Erzengel Michael sehen wir ein Beispiel solcher Demut; er geht nicht auf den Wortwechsel mit Satan ein, sondern überläßt das Urteil dem Herrn.

Mt. 4, 9 - 10 — Nur der gefallene Engel, Satan, sucht Ehre und Anbetung.

Ps. 103, 20 — Engel sind *gehorsam* den Anweisungen Gottes gegenüber.

Ps. 91, 11
Mt. 4, 11 — Sie sind allezeit dienstbereit und warten auf den Befehl Gottes, – aber keiner unternimmt etwas von sich aus.

Trotz der hervorragenden Eigenschaften der Engel nimmt sich Gott des Menschen in besonderer Weise an:

Hebr. 2, 5ff — Die Verwaltung des zukünftigen Erdkreises wird nicht den Engeln, sondern den Menschen übergeben.

V. 16 - 18
Röm. 8, 17
2. Petr. 1, 4 — Gott hat eine Erlösung für den gefallenen Menschen vorgesehen und nicht für Engel, und gibt dem Menschen ein Miterbe und eine „Teilhaberschaft der göttlichen Natur."

Hebr. 2, 7 — Wenn der Mensch auch in seinem jetzigen Zustand auf der Erde unter die Engel erniedrigt ist,
Lk. 20, 36 — wird er ihnen in der zukünftigen Welt ebenbürtig sein.

1. Kor. 6, 3 — Die Gläubigen werden sogar über Engel bestimmen und Entscheidungen treffen. Wir werden keine Engel ins Gericht schicken; „richten" bedeutet hier nicht „verurteilen", sondern richten im Sinne von „legale Entscheidungen" treffen. Die Gläubigen werden über die Engel erhöht sein und sie regieren.

5. Dienst der Engel für unser leibliches Wohl

Gott hat seine Engel beauftragt, seinen Kindern im Kampf gegen Satan beizustehen. Den Angriffen Satans in ihrer vielfältigen Art könnten wir wesentlich besser standhalten, wenn wir die Tatsache akzeptieren würden, daß Gott Engel zu unserem Schutz in unsere Nähe gestellt hat.

Mt. 18, 10 — Aus den Worten Jesu können wir schließen, daß jedes Kind, das in die Welt geboren wird, einen Schutzengel zur Seite bekommt, der es durch das Leben begleiten soll.

Hebr. 1, 14
Ps. 34, 8 — Engel sind dienstbare Geister, die zu unserem Dienst da sind.

Ps. 91, 11 — Sie haben die Verantwortung, uns zu schützen und für uns einzustehen, wenn wir dort sind, wo Gott uns haben will. Wir können nicht tun, was wir wollen, – und trotzdem Gottes Schutz beanspruchen.

V. 1.9	„In Schutz sein" bedeutet, am richtigen Platz zu sein: in unmittelbarer, klarer Nähe zu Gott.
Ps. 34, 8b	„ . . . die ihn fürchten." Gehorsam und Unterordnung unter Gottes Willen sind wichtige Voraussetzungen für den Schutz der Engel. Rebellion befreit Engel von ihrer Verantwortung.
1. Kor. 4, 9	Engel überwachen die Ereignisse unseres Lebens und setzen alles dran, Gottes Willen in unserem Leben zu verwirklichen.
1. Tim. 5, 21	Paulus ruft Timotheus in Erinnerung, daß ihn die Engel ständig beobachten, um zu sehen, wie er sein Leben als Christ führt.
1. Mose 16, 7ff	Das erstemal finden wir Engeldienst in Verbindung mit einer leiblichen Not bei *Hagar.* Ein Engel spricht zu ihr, um ihre verletzte Seele zu trösten und ihr eine Verheißung Gottes zu bringen.
1. Mose 19, 12 - 17	*Lot* und seine Angehörigen werden von Engeln gewarnt und aus einer Todessituation herausgeführt.
1. Kön. 19, 5 - 9	*Elia* wird von einem Engel mit Nahrung für seine lange Reise zum Berg Horeb ausgestattet.
2. Kön. 6, 14ff	*Elisa* wird, als er nach Syrien entführt werden soll, von Scharen von Engeln umgeben, so daß die Entführer nichts ausrichten können.
Dan. 3, 25 - 26	Selbst der Heide *Nebukadnezar* hat einen Einblick in die unsichtbare Welt und sieht einen Engel, der zum Schutz der drei jungen Männer im Feuerofen da ist.
Dan. 6, 23	Zu *Daniel* wird ein Engel geschickt, der ihn vor dem hungrigen Löwen schützt.

Auch das Leben der Menschen im Neuen Bund ist begleitet vom leiblichen Schutz der Engel.

Apg. 5, 19ff	Ein Engel befreit *Petrus* und *Johannes* aus dem Gefängnis und ermutigt sie zu neuem Zeugnis.
Apg. 12, 7ff	Später wird Petrus wiederum befreit aus der Hand des Herodes, der ihn ermorden will.

Apg. 12, 13 - 17	Der Bericht, daß die Brüder meinen, dem Engel des Petrus begegnet zu sein, zeigt, daß man sich in der Urgemeinde klar darüber war, daß Christen Engel zu ihrem Schutz haben.
Apg. 27, 23	*Paulus* berichtet, daß ihm in der mutlosen Situation auf dem Schiff, ein Engel erschienen sei und ihm zugesichert habe, daß alle aus dem Schiffbruch gerettet werden.

Das *Leben Jesu* ist von der Geburt bis zur Himmelfahrt begleitet vom Dienst der Engel.

Lk. 1, 5 - 20	Derselbe *Engel Gabriel,* der nahezu 600 Jahre früher mit Daniel über Christi Geburt sprach, wird zu Zacharias und Elisabeth geschickt, um ihnen die Geburt Johannes des Täufers, des Wegbereiters Jesu, anzukündigen.
Lk. 1, 26	Gabriel hat dann auch eine Unterredung mit Maria und bereitet sie auf die übernatürliche Empfängnis ihres Sohnes vor.
Mt. 1, 19ff	Ein weiterer Engel erscheint Joseph und klärt ihn über die Zusammenhänge der Geburt auf.
Lk. 2, 8ff	Die Geburt Jesu wird den Hirten durch Heerscharen von Engeln angekündigt.
Mt. 2, 13	Engel müssen eingreifen und Joseph Anweisungen geben, damit der Mordanschlag des Herodes nicht stattfinden kann. Joseph gehorcht und flieht nach Ägypten.
Mt. 2, 19	Nachdem die Gefahr vorüber ist, bringt ein Engel diese Nachricht und fordert ihn auf, zurückzukehren.
Mt. 4, 11	Nachdem Jesus die Versuchungen siegreich bestanden hat und Satan weichen muß, treten die Engel zu Jesus und dienen ihm.
Lk. 22, 39 - 46	Während der Gebetskämpfe im Garten Gethsemane erscheint ein Engel und stärkt Jesus.
Mt. 28, 2 - 4	Engel verkünden triumphierend die Auferstehung Jesu.
Apg. 1, 10. 11	Die Himmelfahrt Jesu wird ein besonderer Tag der Freude für die Engel gewesen sein,

Eph. 1, 20 - 22 1. Petr. 3, 22	als Jesus wieder seinen Platz einnimmt zur Rechten Gottes, um dort für uns einzutreten.
Mt. 25, 31	Bei der Wiederkunft wird Jesus mit allen seinen Engeln erscheinen.

6. Dienst der Engel für unser geistliches Wohl

Engel schauen auf jeden einzelnen Menschen und wissen, wie es um sein geistliches Leben steht.

Lk. 15, 10	In dem Gleichnis vom verlorenen Schaf sagt Jesus, daß die Engel sich freuen über jeden Sünder, der Buße tut.
Lk. 16, 22	Die gleichen Engel, die so an unserer Rettung interessiert sind und uns in unserem Leben beistehen, begleiten uns am Ende unseres Lebens zurück zu Gott.

Engel haben nicht die Aufgabe, das Evangelium zu verkündigen, aber sie werden von Gott gebraucht, um Kindern Gottes Weisung zu geben.

Apg. 8, 26	*Philippus* wurde von einem Engel in die Wüste gesandt, um dem Kämmerer zu dienen.
Apg. 10	Ein anderer Engel wird als Gebetserhörung zu *Cornelius* geschickt und macht ihn auf Petrus aufmerksam, so daß er ihn rufen kann.
Offb. 1, 1 22, 16	Engel unterweisen *Johannes* auf Patmos über das Geschehen in der Endzeit.
Sach. 1, 9	Sie dienen zur Belehrung, zur Erläuterung der Offenbarung Gottes.
Dan. 9, 22	Der Engel Gabriel bringt Antwort auf *Daniels* Gebetsanliegen und gibt ihm eine panoramaartige Sicht der Zukunft der Menschheitsgeschichte.

Wenn Engel sprechen und Weisung geben wird es immer nur dazu sein, das geschriebene Wort Gottes zu erklären, es wird niemals darüber hinausgehen.

Gal. 1, 8 Offb. 22, 18. 19	Die Botschaft Gottes ist offenbart und wer sie verändert, den trifft die Strafe Gottes.

7. Unser gemeinsamer Kampf gegen Satan und seine Mächte

Obwohl Engel geistige Wesen sind und überaus mehr Macht haben als Menschen, sind sie nicht ohne weiteres den bösen Mächten, die Satan folgen, überlegen, sondern haben einen harten Stand gegen sie.

Der Kampf in der unsichtbaren Welt ist sehr real. Nur wenn eine Übermacht der guten Mächte da ist, können satanische Mächte gezwungen werden zu weichen.

Dan. 10, 1 - 14	Daniel hat ein Gebetsanliegen und wartet drei Wochen unter Fasten vor Gott.
V. 12	Schon am ersten Tag hat Gott gehört und die Antwort geben wollen,
V. 13	aber satanische Mächte verhinderten das Durchdringen der Gebetserhörung, bis der Engel Unterstützung bekommt vom Erzengel Michael. Erst dann sind sie Sieger.
Offb. 22, 9	Engel sind unsere „Mitknechte",
Eph. 6, 12	es ist unser gemeinsamer Kampf gegen satanische Mächte.

Engel und Kinder Gottes vereinigen sich, um Satan aus seiner Stellung zu vertreiben. Daniels anhaltender demütiger Gebetskampf und die vereinigte Macht der Engel ließen die Gebetserhörung zu ihm durchdringen.

8. Engel als Gerichtsvollstrecker

Wenn wir die Schriftstellen über Engel studieren, nehmen wir auch wahr, daß Gott Engel zum Gericht über Menschen aussendet.

2. Kön. 19, 35	Ein Engel greift verheerend in das Heer der Assyrer ein und veranlaßt so, daß sie sich zurückziehen, ohne Jerusalem anzugreifen.
Mt. 13, 36 - 43	Im Gleichnis vom Unkraut unter dem Weizen weist Jesus darauf hin, daß Er am Ende Engel senden wird, die Strafen austeilen werden.
Apg. 12, 21 - 23	Weil Herodes Ehre annahm, die nur Gott zusteht, wurde er von einem Engel gestraft.
2. Thess. 1, 7 Offb. 19, 14	Auch bei dem Gericht, wenn Jesus in Herrlichkeit kommen wird, werden seine Engel dabei sein.

Offb. 7, 1ff 8, 1ff	Besonders häufig finden wir Engel als Gerichtsvollstrecker im Buch der Offenbarung.
Offb. 20, 1 - 3	Zum Schluß der Offenbarung lesen wir, wie ein Engel Satan bindet und für tausend Jahre in den Abgrund wirft.

Weitere Bibelstellen/Notizen

SATAN

heilsgeschichtlicher Abriß – Satan, Gott dieser Welt – die Stellung der Gläubigen – Satans Tätigkeit – Gott läßt Satan gewähren – wie wir Satan überwinden können.

Einen mächtigen Gegner gering einzuschätzen ist Leichtsinn oder sogar Dummheit. Es führt zu Unwachsamkeit und Niederlagen. Satan ist kein böser Einfluß, sondern eine reale Persönlichkeit.

Die Bibel ist klar in ihren Äußerungen, sie sagt uns viel über Satan:

wer er war
wer er heute ist
wie er das wurde, was er ist
wie er die Menschen bekämpft
über sein bösartiges Wesen
über sein Ende

1. Heilsgeschichtlicher Abriß

Kol. 1, 16	Satan wurde wie alle anderen geistigen Wesen von Gott geschaffen. Aber nicht als Widersacher Gottes, sondern als ein hoher Engel. Was ist mit ihm geschehen, daß er sich vom „Lichtträger" zum Anführer des „Reiches der Finsternis" gewandelt hat?
Hes. 28, 11 - 17 V. 1 - 10 V. 11 - 17	Diese Verse geben Aufschluß über Satans ursprüngliche Art, Aufgabe und Rebellion. In diesem Kapitel finden wir eine Doppelbeziehung zwischen dem *menschlichen König* von Tyrus und dem *geistigen König*, Satan, der hinter diesem Menschen stand. Die Aussagen in diesen Versen müssen sich deshalb auf Satan beziehen, weil sie nicht auf ein menschliches Wesen zutreffen.
V. 13	Tyrus war nicht im Garten Gottes, er wurde geboren und nicht „geschaffen", usw. Die Beschreibungen können sich also nur auf Lucifer beziehen.
V. 14	Lucifer hatte wohl den höchsten Rang unter den Engeln; er wachte über den Thron Gottes. Gott hatte ihm Macht über alles gegeben – bis auf den Thron selbst.

Lk. 22, 69	Der Platz zur Rechten Gottes war Christus vorbehalten.
Hes. 28, 15. 17	Dies war der Auslöser für seine Rebellion.
Jes. 14, 12 - 14	Er wollte sich nicht unterordnen, sondern überschätzte sich, erhob sich in Rebellion und wollte sich „dem Höchsten gleichmachen”. Es entstand ein Kampf in der unsichtbaren Welt.
Offb. 12, 4	Satan gelang es aber nur, ein Drittel der Engel in seine Gefolgschaft zu bekommen
Jes. 14, 12 Lk. 10, 18	und wurde von seinem Platz vor dem Thron Gottes auf die Erde verwiesen.
2. Petr. 3, 5 - 7 1. Mose 1, 2	Die Erde kam unter das Gericht Gottes und wurde durch die erste Flut vollkommen zerstört.

Aus *„Lucifer”* (Lichtträger der göttlichen Herrlichkeit) wurde *„Satan”* (hbr. Widersacher Gottes) oder *„Teufel”* (griech. Verleumder seiner Heiligen).

Hes. 28, 12. 13	Als Satan aus dem Himmel geworfen wurde, hatte er nichts von seiner Weisheit und seinen Fähigkeiten verloren – sie wurden nur ins Böse, gegen Gott, verkehrt.

Von nun an ist es seine Absicht, die Pläne Gottes nicht zur Durchführung kommen zu lassen, Gott in allem zu widerstehen und die Gläubigen zu bekämpfen und zu verleumden.

Da Lucifer und seine Engel versagt hatten in ihrer Berufung, schuf Gott den Menschen, der die Berufung erfüllen sollte, die die anderen verworfen hatten.

1. Mose 1, 3	Die Erde wird wieder hergestellt
1, 27	und der Mensch geschaffen.
V. 28 Ps. 8, 7	Ihm wird die Herrschaft über die Schöpfung gegeben.

Es ist Gottes Prinzip mit Wesen zusammenzuleben, die sich ihm freiwillig und in Liebe unterordnen.

1. Mose 2, 16. 17	Deshalb räumt Gott Adam und Eva die Möglichkeit ein, sich gegen ihn zu entscheiden.

1. Mose 3, 1 - 7	Satan tritt sofort in Aktion. Eva wird verführt wegen ihres Unglaubens in Gottes Wort.
1. Tim. 2, 13 - 14	Bei Adam war es keine Verführung. Er war sich klar über die Folgen seiner Handlung und beging Hochverrat gegen Gott.

Wir wissen nicht genau wie Adams Hochverrat aussah, aber er hatte verheerende Folgen.

1. Mose 3, 8 - 10	Als Adam Gott wiederum gegenüberstand, war seine Wesensart verändert; Furcht regierte sein Leben.
Hebr. 2, 15	Satan war der Herr des Menschen geworden und hatte seine Wesensart übertragen.
Joh. 8, 44	Die Stellung, die Gott einnehmen wollte, hatte nun Satan; er war der Vater des Menschen geworden.
Lk. 4, 6	Durch den Hochverrat gab Adam seine legale Herrschaft über die Erde in die Hand Satans. Bei der Versuchung Jesu sagt Satan, daß sie „ihm übergeben worden sei", und es ist legitim, anzunehmen, daß es beim Hochverrat Adams geschehen ist.

2. Satan, Gott dieser Welt

Lk. 11, 17. 18	In dieser Welt steht ein organisiertes Reich des Bösen Gottes Reich gegenüber.
Joh. 12, 31 14, 30	Jesus erkennt Satan als den *„Fürsten dieser Welt"* an.
2. Kor. 4, 4	Paulus nennt Satan *„Gott dieser Welt."*
1. Joh. 5, 19	Johannes sagt, daß die ganze Welt *„in der Umarmung des Bösen"* liegt.
Eph. 2, 1 1. Joh. 3, 14. 15	Alle Menschen sind geistlich tot
Kol. 1, 13	und in der Gewalt der Finsternis,
Joh. 3, 16 Kol. 1, 13	es sei denn, sie nehmen den stellvertretenden Opfertod Jesu für sich persönlich im Glauben an und lassen sich „in das Reich des Sohnes" versetzen.

3. Die Stellung der Gläubigen

1. Joh. 3, 8	Christus hat die Werke des Teufels vernichtet.
Joh. 12, 31 Joh. 19, 30 Kol. 2, 14. 15	Was Jesus hier seinen Jüngern ankündigt, wird am Kreuz vollbracht.

Obwohl Satan gefallen und am Kreuz von Golgatha gerichtet wurde, hat er weder an Stellung noch Macht in dieser Welt verloren.

Apg. 26, 18	Wer sich aber zu Gott bekehrt hat, ist Satans Macht entronnen und steht unter Gottes Obhut.
Lk. 10, 19	Satan hat keine legale Macht mehr über die Gläubigen. Durch Christus haben wir die Macht, Satan zu widerstehen.
1. Joh. 4, 4	Jedes Gotteskind kann diesen Mächtigen in der Kraft des Heiligen Geistes und des Blutes Jesu besiegen.
Gal. 1, 4 Eph. 2, 19 Phil. 3, 20	Wir leben zwar in einer Welt in der Satan Gott ist, aber wir sind nicht mehr Bürger dieser Welt und nicht mehr bösen Mächten dieser Welt hilflos ausgeliefert.

4. Satans Tätigkeit

Satan hat kein legales Recht auf das Leben eines Gläubigen.

Joh. 10, 10	Aber wie ein Dieb sich in verbotenes Gebiet einschleicht, und stiehlt und tötet, so will Satan in unserem Leben Raum gewinnen und uns quälen.
2. Kor. 2, 11	Paulus sagt, daß uns die Taktiken Satans nicht unbekannt sein dürfen, damit er uns nicht übervorteilen kann.

Satan mit seinem Reich der Finsternis hat *zwei Haupttaktiken* in seinem Kampf gegen Gott und die Gläubigen:

Offb. 12, 9	1. die Menschen zu verführen und dann, wenn es ihm gelungen ist,
Offb. 12, 10	2. sie zu verklagen und Anspruch auf sie zu erheben.

2. Kor. 11, 3. 14 1. Kor. 7, 5 1. Thess. 3, 5 Mt. 4, 3 Lk. 22, 31 1. Chr. 21. 1	Satan verkleidet sich als ein Engel des Lichts, um die Gläubigen zu *versuchen* und zu *verführen.*
Apg. 10, 38 Lk. 13, 16 Hiob 2	Er ist der *Urheber aller Krankheiten* körperlicher und seelischer Art
Offb. 2, 10 2. Kor. 12, 7. 10	und *quält die Gläubigen.*
1. Tim. 3, 7 2. Tim. 2, 26	Er *legt Schlingen aus.*
1. Thess. 2, 18 Apg. 13, 10	Er versucht, die *Verkündigung der Botschaft zu verhindern,*
Lk. 8, 12 2. Kor. 4, 4	*raubt* das gehörte Wort Gottes und *verblendet* die Gedanken der Ungläubigen.
Mt. 24, 24 2. Thess. 2, 9 Offb. 13, 13	Satan *wirkt Wunder,* um die Gläubigen zu verführen und die Ungläubigen zu betören.

5. Gott läßt Satan gewähren

Satans Behauptung ist, daß niemand Gott freiwillig und aus Liebe dient, sondern nur, um Gewinn daraus zu ziehen.

Hiob 1, 6 - 11	Im Gespräch mit Gott um Hiob, behauptet Satan herausfordernd, kein Mensch würde Gott dienen, wenn Gott seine Hand nicht über ihn halten würde. Wenn die Versuchung nur stark genug wäre, würden alle Menschen von Gott abfallen.

Da Gott mit Menschen, die sich ihm freiwillig und in Liebe unterordnen in Ewigkeit Gemeinschaft haben will, stellt er sich dem Vorwurf Satans, um die Menschen herauszufinden, die auch in der Versuchung treu zu ihm stehen werden und um Satan zu widerlegen.

Hiob 1, 12	Gott erlaubt, daß der Test an Hiob durchgeführt wird.

Hiob 13, 15 Hiob 42, 12	Hiob steht trotz der für ihn und seine Freunde unerklärlichen Situation zu Gott, widerlegt damit Satans These und wird von Gott reich gesegnet.
Mt. 4, 1ff	Jesus wird vom Geist in die Wüste geführt, um vom Teufel versucht zu werden.
2. Tim. 3, 12	Versuchungen und Angriffe Satans gehören in das *Erziehungsprogramm Gottes* für jeden Christen,
2. Petr. 2, 9 1. Kor. 10, 13	aber Gott wird uns in der *Erprobungssituation* hindurchhelfen,
1. Kor. 10, 1 - 12	wenn wir, die Fehler des Volkes Israel als Vorbild nehmend, in einer klaren und engen Beziehung zu ihm bleiben.
Jak. 1, 2. 12 1. Petr. 1, 6. 7	Siegreich bestandene Versuchungen sind Anlaß zur Freude, weil sie Charakter und Glauben festigen.

6. Wie wir Satan überwinden können

Jak. 4, 7	Wenn wir eine klare Unterordnung aller unserer Lebensbereiche unter die Prinzipien Gottes vollzogen haben, werden wir Erfolg haben im Widerstehen gegen Satan.
1. Petr. 5, 8 - 9	Unsere Haltung soll geprägt sein von Sachlichkeit und Wachsamkeit. Unser Glaube macht uns standfest.
Eph. 4, 26 - 27	Wir müssen unser Gedankenleben rein halten und nicht durch Bitterkeit oder anderes dem Teufel Raum in uns geben.
1. Joh. 2, 14b Mt. 4, 1 - 11	Wenn wir das Wort Gottes beständig in uns aufnehmen, werden wir dadurch wie Jesus den Angriffen Satans widerstehen können.
Eph. 6, 11 - 18	Wenn wir alle sechs Ausrüstungsstücke der Waffenrüstung anziehen, werden wir „gegen die Listen des Teufels bestehen" können. Gott stülpt sie uns nicht über; wir müssen sie selbst anziehen und lernen, uns darin zu bewegen.
Offb. 12, 11	Dieser Vers nennt uns drei Dinge mit denen wir Satan überwinden können:

1. Petr. 1, 18. 19	1.	„das Blut des Lammes" – die Reinigung durch das Blut des Lammes in der Wiedergeburt.
Röm. 10, 10	2.	„das Wort des Zeugnisses" – das mutige Bekenntnis zum Herrn vor der sichtbaren und unsichtbaren Welt.
Lk. 14, 33 1. Joh. 2, 15	3.	„das Leben nicht lieben" – kompromißlos und konsequente Nachfolge Jesu.

Weitere Bibelstellen/Notizen

DÄMONEN

Vorbild und Dienst Jesu – der Auftrag der Jünger – Wesensart von Dämonen – Ihre Hauptaktivitäten – unterschiedliche Stufen des Ausgeliefertsein an Dämonen – Befreiung von Dämonen – Aufrechterhaltung der Befreiung.

Die Bibel spricht häufig von Dämonen oder bösen Geistern (im NT allein 63x). Sie sind *gefallene geistige Wesen* und die *Diener Satans* hier auf der Erde.

Dämonen müssen von Satan und den gefallenen Engeln unterschieden werden. Gefallene Engel haben einen geistlichen Körper, ihre Aktivität ist im Luftraum.

Mt. 12, 43 - 45 Mk. 5, 10 - 12	Dämonen sind *Geister ohne Körper.* Ihr Haus ist der Körper eines Menschen oder wenn es ihnen nicht gelingen kann, sich dort niederzulassen, der Körper eines Tieres.
	Sie finden erst Ruhe, wenn sie dort einen Platz gefunden haben und sich ihrem Wesen nach entfalten können.

Jeder von uns ist umgeben von ungesehenen Heerscharen von Dämonen. Wir können die Situation nicht ändern, aber dafür sorgen, daß sie keinen Raum in uns gewinnen. Dämonen haben kein Recht in Menschen zu wohnen, die Jesus Christus bekennen. Wenn wir erfüllt sind mit dem Heiligen Geist haben wir im Namen Jesu Vollmacht, ihnen zu gebieten.

Satan wirkt auf zwei Ebenen:

	1. auf einer höheren Ebene,
Eph. 2, 2 6, 12 Dan. 10, 13	durch *gefallene Engel,* Mächte und Gewalten, die im Luftraum Macht ausüben wollen gegen den Plan Gottes auf dieser Erde. Sie behindern unser Gebetsleben und versuchen das Wirken des Heiligen Geistes abzublocken.
	2. auf einer niederen Ebene,
Mt. 12, 43	durch *dämonische Mächte,* die an diese Erde gebunden sind. Sie haben zwei Anweisungen: – Menschen von Christus fernzuhalten und wenn ihnen das nicht gelungen ist, – zu verhindern, daß sie Christus erfolgreich dienen können.

1. Vorbild und Dienst Jesu

Die Austreibung von Dämonen hat im Dienst Jesu einen wichtigen Platz eingenommen.

Lk. 4, 18 Mt. 8, 16 9, 32 - 34 12, 24 - 28 Lk. 8, 2	Krankheit und Gebundenheit durch Dämonen sind zerstörerische Elemente in Gottes guter Schöpfung. Ihnen galt der Kampf Jesu.
Lk. 13, 32	Jesus unterscheidet zwischen *organisch Kranken* und *dämonisierten Menschen.* Der Dienst an ihnen ist unterschiedlich.

An drei Stellen werden uns Menschen vorgestellt, die unterschiedlich von Dämonen gequält werden und die Jesus befreit. Sie geben ein Modell für die Seelsorge.

Mk. 1, 21 - 28	In der Synagoge von Kapernaum ist ein dämonisierter Mensch, der am sozialen und religiösen Leben unerkannt teilnimmt. Die vollmächtige Predigt Jesu bringt ihn in eine Krisensituation, so daß sich der Dämon von selbst offenbart. Jesus bedroht ihn und gebietet ihm auszufahren, was sofort sichtbar unter Zukken und Geschrei geschieht.
Mk. 5, 1 - 20	Die zweite Person lebt isoliert und ist gemeingefährlich. In unserer Gesellschaft würde sie hinter den Mauern einer Anstalt leben. Sie hat gewaltige Körperkräfte und quält sich mit Selbstverletzung.
V. 6	Der Dämon spürt die Nähe des Stärkeren. Seine Haltung ist mehr die eines Flehenden als die eines Kämpfenden.
V. 8	Da der Dämon nicht gleich geht, fragt Jesus nach seinem Namen und erfährt, daß es viele sind.
V. 12	Für das Ausfahren der Dämonen in die Schweine gibt es viele Auslegungsversuche. Ich meine, Jesus erlaubte es den Dämonen um des Mannes willen. Da die Dämonen freiwillig in die Schweine gehen wollten, blieb dem Mann die körperliche Tortur des einzeln Austreibens der widerwilligen und gewalttätigen Dämonen erspart.
Mk. 9, 14 - 29	Bei dem dritten Fall handelt es sich um ein Kind, das ein körperliches Symptom hat, Stummheit.
V. 22	Der Dämon versucht auch, es in den Tod zu treiben.
V. 21	Jesus fragt hier nach der Dauer des Dämonisiertsein. Dämonen, die schon länger ihren Platz haben, lassen sich schwieriger fortschicken.

V. 29	Diese Art läßt sich nur durch Gebet und Fasten bezwingen.
V. 23	Grundvoraussetzung für diesen Dienst ist der Glaube.

2. Der Auftrag der Jünger

Mk. 3, 14. 15 6, 12. 13 16, 15 - 18 Lk. 10, 17. 19	Jesus hat niemals jemand ausgesandt zu predigen, ohne den Auftrag, Dämonen auszutreiben.
Apg. 5, 16 8, 7 16, 16 - 18 19, 13 - 16	Die Urgemeinde blieb in dieser Lehre und in diesem Dienst.

3. Wesensart von Dämonen

Beim Studium der Bibelstellen, die Dämonen betreffen, stellt man fest, daß Dämonen alle Anzeichen einer Persönlichkeit haben:

Mt. 12, 43. 44 Mk. 5, 11 - 13	einen Willen und Verstand
Jak. 2, 19	Emotionen
Mk. 1, 23. 24 Apg. 19, 13 - 16	Wissen
Mk. 5, 9	ein Eigenbewußtsein (Kenntnis über sich selbst)
Mk. 1, 24	Ausdrucksmöglichkeiten, indem sie sich der Sprachorgane ihrer Opfer bedienen.

Dämonen sind demnach keine schlechten Umstände, böse Einflüsse oder Gedanken, sondern Persönlichkeiten und müssen auch so eingeordnet und angesprochen werden.

Mt. 11, 18 Mk. 7, 25 Lk. 4, 33	Die verschiedenen Begriffe, einen „Dämon" bzw. einen „bösen" oder „unreinen Geist" zu haben oder „besessen zu sein" sind alles Ausdrücke, die den gleichen Sachverhalt beschreiben:

Joh. 7, 20	Menschen, die auf irgendeine Art unter dem Einfluß oder dem Angriff von Dämonen stehen.
Mt. 4, 24 Mt. 15, 22 Lk. 8,27	Die deutsche Übersetzung „besessen zu sein" ist irreführend, weil sie fälschlicherweise andeutet, daß der Dämon die Person vollkommen in Besitz genommen hat, was nicht zutreffen muß. Der Ausdruck „dämonisiert sein" ist zutreffender.
Mt. 9, 32	Dieser Mensch war z. B. nur in einem Bereich seiner Persönlichkeit, in den Sprachorganen, dämonisiert und nicht vollkommen besessen.

4. Ihre Hauptaktivitäten

Dämonen kämpfen gegen den Frieden in jeder Hinsicht, gegen Harmonie in unserem Denken, in unserem körperlichen Wohlbefinden, in unserer Beziehung zu anderen Menschen und zu den umgebenden Umständen.
Das deutlichste Zeichen der Anwesenheit von Dämonen ist *Ruhelosigkeit.*

Dämonen sind intelligent, sie beobachten uns und kennen unsere Schwächen.

Jak. 1, 14	Sie *locken* uns. Es besteht ein Zusammenspiel zwischen der Lust in mir und dem Agenten außerhalb, der lockt. Wenn keine Lust in mir wäre, hätte der Dämon nichts zu locken.
1. Tim. 4, 1	Sie *betrügen* Gläubige.
Röm. 8, 15 Gal. 3, 1ff 5, 1	Sie wollen uns *versklaven*
2. Tim. 1, 7	und *quälen.*
1. Joh. 4, 18	Furcht hat Schmerzen. Die Furcht des Herrn ist heilsam, dämonische Furcht aber quält.
Lk. 8, 29 Tit. 1, 15	Dämonen *zwingen* und *treiben* und *verunreinigen* uns.

5. Unterschiedliche Stufen des Ausgeliefertseins an Dämonen

Eph. 6, 11ff
1. Petr. 5, 8

Alle Christen sind Ziel der Angriffe Satans und seiner Untertanen, die unterschiedlich stark sein können und sich steigern werden, wenn wir nicht wachsam sind.

1. Sie bekämpfen den Menschen außerhalb seines Körpers; indem sie ihn belästigen.

Jak. 4, 7 — Diesen Belästigungen haben wir zu widerstehen durch eine klare Unterordnung aller unserer Lebensbereiche unter Gottes Willen.

1. Petr. 5, 8. 9 — Durch Nüchternheit, Wachsamkeit und standhaften Glauben kann ich siegreich durch die äußeren Belästigungen hindurchgehen.

Eph. 6, 10ff — Ich darf keines der sechs Ausrüstungsstücke der Waffenrüstung vernachlässigen.

Mt. 4, 1ff — Jesus wurde belästigt und blieb Sieger.

2. Kor. 12, 7. 10 — Paulus wurde belästigt.

2. Kor. 10, 3 - 5 — Bei dämonischen Belästigungen kommen die Angriffe von außen. Vielfach beginnt es in unserem Gedankenleben, aber ich habe mich selbst in Kontrolle und kann mich willentlich davon lösen.

2. Dämonen wirken innerhalb des Menschen, indem sie ihn zwingen und quälen.

Jak. 1, 15 — Wenn ich nicht wachsam und konsequent bin und den Belästigungen immer wieder nachgebe,

Eph. 4, 27 — kann es geschehen, daß Satan mit seinen Dämonen in mir Raum gewinnt und mich von dort her bestimmt.

1. Thess. 4, 3 - 4 — Jeder Christ muß lernen, Kontrolle über sich zu gewinnen. Wenn ich konstant meiner „eigenen Lust" nachgebe, werden zu einem günstigen Zeitpunkt Dämonen eindringen und die Herrschaft übernehmen.

Bei dem Arbeiten über Dämonen soll nicht der Eindruck entstehen, daß Dämonen für alles Böse verantwortlich seien.

Gal. 5, 16 - 26	Hauptquelle des Bösen ist, *„die Lust des Fleisches"*
Röm. 6, 12 - 16	Es kommt darauf an, „wem ich mich zur Verfügung stelle". Wenn ich mich der Sünde als Werkzeug zur Verfügung stelle, so schaffe ich eine Atmosphäre, in der Dämonen mich umlagern, um, wenn möglich, die Herrschaft zu übernehmen. Wenn ich mich Gott zur Verfügung stelle und dem Gehorsam, nehme ich den Dämonen den Nährboden. Ein unreiner Geist muß eine unreine Atmosphäre haben, um bestehen zu können. Der Geist der Eifersucht kann Zufriedenheit und Demut nicht ausstehen. Der Geist des Zorns wird „ausgehungert", wenn ich Besonnenheit, Ruhe und Freude bewahre.

Wenn aber doch Dämonen eingedrungen sind, stehe ich unter ihrem Einfluß. Sie zwingen und treiben mich und ich kann mich nicht einfach willentlich davon lösen. Die einzige Lösung ist, sie im Namen Jesu hinauszuwerfen. Das Suchen nach Befreiung von Dämonen ist *kein Ersatz für unterlassene, geistliche Selbstdisziplin.* Aber wenn Dinge da sind, die einen Christen zwingen, beschämen, verunreinigen oder quälen und sich jeglicher geistlichen Disziplin widersetzen, so ist dies ein Anzeichen dafür, daß Dämonen auf irgendeine Weise in diesen Menschen eingedrungen sind.

6. Befreiung von Dämonen

Mk. 1, 21ff	Jesus lief niemals jemanden nach, um ihn zu befreien, es sei denn, der Mensch war von sich aus bereit und nahm seine Belehrung an.
Mk. 5, 6	Dämonisierte Menschen liefen zu Jesus hin und unterwarfen sich ihm.

Man sollte sich nicht bemühen, jemanden zu befreien, der sich nicht Jesus Christus unterwerfen will und bereit ist, eine gründliche biblische Belehrung anzunehmen.

Mt. 12, 43 - 45	Sonst wird das Haus gereinigt und ist leer und die Situation kann hinterher schlimmer aussehen als vorher.

Voraussetzung sind:

Ps. 34, 19	1. Demut

Ps. 112, 4	2. Aufrichtigkeit
Jak. 5, 16 1. Joh. 1, 9	3. Sündenbekenntnis
Ps. 97, 10 Ps. 139, 21. 22	4. das Böse zu hassen, bereuen und ihm abzusagen. Hierzu gehört die Absage an alle durchgeführten okkulten und kultischen Praktiken.
Mk. 11, 25. 26	5. anderen Menschen vergeben.

Auf die Reinigung des Herzens folgt die Reinigung des Hauses:

Apg. 19, 18 - 20 Ps. 1, 1	6. Trennung von allen okkulten Gegenständen, Dingen und dem Personenkreis, der mit der früheren Bindung etwas zu tun hatte.
Mt. 12, 28	Jesus hat die Dämonen durch den Heiligen Geist ausgetrieben. Bei der Befreiung arbeiten wir mit dem Heiligen Geist zusammen.
Lk. 10, 17 - 19 Mk. 16, 17	Dämonen sind uns im Namen Jesu untertan.

In der Kraft des Heiligen Geistes und im Namen Jesu haben wir Vollmacht, füreinander zu beten und Dämonen fortzuschicken.

7. Aufrechterhaltung der Befreiung

Beim Annehmen der Verheißungen Gottes gibt es zwei Seiten. Gottes Teil und mein Teil.

Gott allein kann befreien; mein Teil ist es, die Befreiung aufrechtzuerhalten. Die Absage und die Befreiung ist nicht das Ende, sondern der *Anfang eines neuen Lebens* mit der zurückgewonnenen Freiheit. Diese habe ich aufrechtzuerhalten und gegen die Angriffe Satans, der das verlorene Territorium wiedererlangen möchte, zu verteidigen.

Mt. 12, 44	Ich habe mit einer *Gegenoffensive der Dämonen* zu rechnen und mich dagegen zu wappnen, indem ich „das Haus" nicht leer stehen lasse.

Röm. 10, 10	1. Übergib noch einmal alle Bereiche deines Lebens durch das Bekenntnis deines Mundes bewußt Jesus.
Apg. 1, 8	2. Wenn es noch nicht geschehen ist, laß dich mit dem Heiligen Geist taufen, lebe bewußt mit dieser Kraft.
1. Kor. 14, 4	und „erbaue dich", mache dich widerstandsfähig, indem du Gott in Zungen anbetest. Die Taufe im Heiligen Geist ist nicht heilsnotwendig, aber wer ohne diese Ausrüstung leben will, hat nicht die ganze Vorsorge Gottes in Anspruch genommen und ist wehrloser für die Angriffe Satans.
Mt. 4, 4 Jos. 1, 8	3. Lebe mit dem Wort Gottes und nicht mit deinen Gefühlen.
Eph. 6, 14 - 17	4. Lerne mit allen Ausrüstungsstücken der „Waffenrüstung des Christus" zu leben.
Ps. 34, 2	5. Mache Anbetung zum Zentrum deiner Gedanken.
2. Kor. 6, 14 Ps. 1, 1 Hebr. 10, 25	6. Suche Gemeinschaft mit Menschen, die dir weiterhelfen, anstatt zurückzuziehen und ordne dich biblischer Disziplin unter.

Weitere Bibelstellen / Notizen

TRÄUME

Träume als Verarbeitung der Tagesbeschäftigung – als Mittel Gottes, zu uns zu sprechen und Weisung zu geben – wichtige Träume in der Bibel.

Man spricht von einem Traum, wenn etwas gesehen und / oder gehört wird, während man schläft.
In der Bibel werden Träume insgesamt 74mal erwähnt.

Pred. 5, 2. 6	Träume können die *Verarbeitung der Tagesbeschäftigung* darstellen,
Sach. 10, 2	d. h. sie sind Unsinn
Jer. 29, 8. 9	oder falsch.
Apg. 2, 17ff Hiob 33, 15	Andererseits verheißt Gott, *durch Träume zu uns zu sprechen* und *Weisung zu geben.*
4. Mose 12, 6 Jer. 23, 28	Träume stehen vielfach in Zusammenhang mit dem *Dienst eines Propheten.*
1. Mose 40, 8 Dan. 1, 17	Die Auslegung ist eine Gabe Gottes.

Wichtige Träume in der Bibel

Wenn man die in der Bibel aufgeführten Träume studiert, fällt auf, daß es *zwei Arten von Abläufen* gibt:

1. Gott oder ein Engel erscheint persönlich und spricht.

1. Mose 20, 3ff 1. Kön. 3, 3 - 15	Gott erscheint persönlich und es findet ein *Gespräch* statt.
1. Mose 28, 12ff	Jakob sieht im Traum Engel und Gott, der ihm eine *Verheißung* gibt.
1. Mose 31, 10 - 13	Ein Engel gibt Jakob *Anweisung,* was er zu tun hat (göttliche Führung).

1. Mose 31, 24	Gott spricht im Traum zu Laban und gibt ihm eine Warnung.
Mt. 1, 20 2, 13. 19. 22	Joseph erhält durch einen Engel *göttliche Weisung.*

2. Der Traum ist symbolhaft und muß ausgelegt werden.

1. Mose 37, 5 - 11	Joseph hat zwei Träume, die symbolhaft einen *künftigen persönlichen Segen* ausdrücken. Der Text deutet an, daß es nicht gut ist, einen Traum gleich zu erzählen.
1. Mose 40, 9 - 23	Die beiden Träume benennen ein *Geschehen in unmittelbarer Zukunft:* Segen für den Mundschenk / Gericht für den Bäcker.
1. Mose 41, 1 - 8	Die Träume des Pharao zeigen eine zukünftige Hungersnot an, so daß er sich darauf einstellen kann (göttliche Führung).
Dan. 1, 17	Daniel war wie Joseph ein Mann, dem Gott Verständnis gab für Träume.
Dan. 2, 31ff 4, 5ff	Er wußte die Träume Nebukadnezars richtig zu deuten
Dan. 7, 1ff	und hatte selbst Träume, die in die *weite Zukunft* reichten.
Ri. 7, 9 - 15	Der Traum eines Mannes gibt Gideon die *Bestätigung für eine vorherige göttliche Führung.*

Wenn Träume richtig verstanden werden, sind sie nicht unbedeutend für das Leben im Willen Gottes. Gott hat und spricht auch in unserer Zeit durch Träume und gibt so Weisung und Verheißung, kündigt Dinge an, die er geschehen lassen möchte oder gibt Bestätigung, daß wir in seinem Willen stehen.

Weitere Bibelstellen/Notizen

VISIONEN

Visionen als göttliche Äußerung von Worten – als übernatürliche Äußerung von Worten mit gleichzeitigem Einblick in die unsichtbare Welt – als symbolhaftes Geschehen, das ausgelegt werden muß – Visionen, in denen ein bestimmtes Ereignis oder Personen gesehen werden.

Visionen oder Gesichte (Erscheinungen) sind eine übernatürliche Äußerung von Worten oder eine geistige Sicht (Erscheinung), während man wach ist.
In der Bibel werden Visionen insgesamt 103mal erwähnt.

Bei Visionen verhält es sich ähnlich wie bei Träumen:

Jer. 23, 16	Sie können etwas sein, was mir meine *Phantasie vorgaukelt.*
Joel 2, 28 4. Mose 12, 6	Andererseits verheißt uns Gott, *durch Visionen zu uns zu sprechen* und *Weisung zu geben.*

Wenn man die in der Bibel aufgeführten Visionen studiert, fällt auf, daß es verschiedene Arten gibt:

1. Visionen als göttliche Äußerung von Worten

1. Mose 15, 1ff	Gott führt ein Gespräch mit Abraham und gibt ihm eine *Verheißung.*
1. Mose 46, 2	Jakob wird von Gott eine *Anweisung* und *Verheißung* gegeben.
1. Sam. 3, 1ff	Samuel empfängt von Gott ein *Gerichtsurteil* über das Haus Eli.
2. Sam 7, 4 - 17	Gott gibt dem Propheten Nathan *Anweisung* für David, Gott ein Haus zu bauen und eine *Verheißung* für seine Nachkommen.
Apg. 9, 10ff	Ananias wird von Gott bei seinem Namen gerufen und bekommt, als er antwortet die konkrete *Anweisung,* Saulus von Tarsus aufzusuchen.

Apg. 18, 9 — Gott gibt Paulus *Trost, Anweisung* und *Verheißung*, so daß Paulus weiß, daß er sich im zentralen Willen Gottes befindet.

Bei all diesen Visonen wird nicht darauf hingewiesen, was oder ob überhaupt etwas gesehen wurde. Es sind Worte Gottes an Menschen, die vielfach zu einem Gespräch mit Gott führen.

2. Visionen als übernatürliche Äußerung von Worten mit gleichzeitigem Einblick in die unsichtbare Welt

Jes. 6, 1ff	Jesaja bekommt eine überwältigende Schau von der Anbetung vor Gottes Thron. Gott stellt die Frage nach dem Dienst und Jesaja läßt sich *senden.*
Dan. 9, 21 - 24	Daniel erblickt einen Engel, der ihm die *Auslegung* einer Vision gibt.
Dan. 10, 5ff	Danach hat Daniel als einziger inmitten seiner Begleiter diesen Einblick.
V. 10ff	Später spricht ein Engel zu ihm und bringt ihm die Gebetserhörung, auf die er schon drei Wochen gewartet hat.
Offb. 1, 12ff	Johannes hat eine ähnliche Schau
V. 19	und bekommt die Anweisung aufzuschreiben, was er gesehen hat.
Apg. 22, 17ff	Paulus erblickt Jesus in einer Verzückung, d. h. in einem Zustand in dem er von der Umwelt nicht ansprechbar ist, sondern nur auf die Vision ausgerichtet ist. Er hört eine sofort zu befolgende *Anweisung* für seinen Dienst.
Apg. 23, 11	Jesus kommt wiederum zu ihm und macht ihm Mut und sagt, was weiterhin geschehen wird.
Lk. 1, 11 - 22	Zacharias erblickt einen Engel, der ihm seine *Gebetserhörung* ankündigt und ihm eine *Verheißung* gibt.
Apg. 10, 3	Auch hier erscheint ein Engel dem Hauptmann Cornelius und bringt eine *Anweisung* aufgrund seines Gebetes, das Gott hiermit erhört hat.

3. Visionen als symbolhaftes Geschehen, das ausgelegt werden muß

Dan. 8, 1 - 14	Daniel hat eine Vision von großem symbolhaften Gehalt, dessen Auslegung er nicht wußte.
V. 15ff	Der Engel Gabriel erscheint ihm und gibt ihm die Auslegung.
Apg. 10, 10 ff	Petrus sah dreimal hintereinander die gleiche Vision, die er nicht verstand. Erst als die Männer eintreffen und der Heilige Geist in ihm spricht, werden ihm die Zusammenhänge klar und er weiß, was er zu tun hat.
Offb. 9, 17	In der Offenbarung finden wir viele dieser symbolhaften Geschehen.

4. In der Vision wird ein bevorstehendes Ereignis, eine bestimmte Person oder ein Ort gesehen

Apg. 9, 12	Paulus sah in einer Vision den Mann, den Gott ihm schicken wollte, damit er ihm die Hände auflegt und er wieder sehend werde.
Apg. 16, 9 - 10	Als Paulus und seine Begleiter dabei sind, den Willen Gottes für ihr weiteres Handeln herauszufinden, gibt Gott ihnen schließlich Antwort durch eine Vision, in der Paulus ein Mann erscheint.
Hes. 11, 24 37, 1	Es kann auch geschehen, daß Gott jemanden in einer Vision einen anderen Ort sehen läßt, wie es bei Hesekiel geschehen ist.
2. Kor. 12, 1 - 5	Paulus wurde bis in die Wohnstätte Gottes entrückt.

Visionen haben einen wichtigen Platz im Leben eines Christen, besonders wenn es darum geht, im Willen Gottes zu leben und konkrete Führung zu erfahren.

Die durchgearbeiteten Visionen beinhalten hauptsächlich konkrete Anweisungen, die Gott auf diese Weise übermittelt, oder Verheißungen, Gebetserhörungen, Auslegung der Gedanken Gottes, Gerichtsankündigung oder Trost und Mutmachung.